知的生きかた文庫

他の店が泣いて悔しがるサービス

香取貴信

三笠書房

はじめに

お客様は「サービス」に対して感動するのです！

社員やアルバイトの面接をする場合、どこで面接するのがいいか？

――答えは近所の「コーヒーショップ」です。

こういうところに連れて行くと、その人の「素の自分」がよくわかるんです。「自分はお客だ」っていう意識がどこかにあると、心にスキが生まれるんでしょうね。

意外なのは、どんな有名な会社に務めていても、口では「サービスには自信があります！」なんて言っていても、自分がお客様になったとき「ありがとう」「ごちそうさま」が素直に言える人って、結構少ないんです。

この「素の自分」で、「ありがとう」や「ごちそうさま」が自然と口から出てくる人が、「お客様に感動を与えるようないいサービス」をできるんです!!

きっとこれが「サービスの原点」なんですね。

私も昔は「オンタイム」と「オフタイム」を無意識で切り替えている人間でした。

でもやっぱり、どこかでボロが出るんですよね。

自分がサービスをする回数が多くなればなるほど、忙しいことに腹が立ち「今日は何でこんなに人が多いんだよ」って文句ばかりでした。「オフ」でお客様になったとき、サービスをしてくれた相手に素直に感謝ができないようでは、「オン」のときに本当に感動を呼ぶようないいサービスはきっとできない――私はそう思います。

このあいだ、「プレゼントをもらうと、なぜうれしいか」なんてことを考えました。もちろん、プレゼントの「商品」そのものもうれしいんですけど、結局は、「相手が自分のためにプレゼントしてくれた」っていう、その行為に感動するわけですよね。

サービスって、これと同じようなものだと思います。

人は、感動を「物」から受け取るのではありません。

「人」から受け取るのです。

つまり、お客様って商品に感心したり、驚いたりはしますが、けっしてそれだけでは感動しないんです。人が行なうサービスに対して感動するもんだと思います。

いわゆる〝ヤンキー少年〟だった私が、東京ディズニーランドで「お客様に喜んでもらう喜び」に目覚めてからというもの、「感動」は私のテーマとなりました。

ディズニーランドを〝卒業〟してから、現在、私は「香取感動マネジメント」を主宰し、現場でサービスを指導させていただけるようになりました。このような経験を通じて、私はこれまで、お客様を感動させた「伝説のサービス」を見聞きするだけでなく、実際に体験する機会にも数多く恵まれました。

本書では、そのような「伝説のサービス」を多数紹介しながら、「サービスが人を感動させるしくみ」といったものに迫っていきたいと思います。

私は「感動するサービス」を受けたら、お礼を口にするだけでなく、ときには、その会社の社長さん宛に感謝の手紙を書いたりしています。

「サービスの感動」って、そうやって巡りめぐっていくものだと思います。サービスは「提供する側」だけの問題ではないのですから。そのうち、必ず自分に返ってくるものなんです。

この本が、そのようなサービスの本質――「感動はどこから生まれ、どう伝わるのか」について考える端緒になれば、こんなにうれしいことはありません。

香取貴信

『他の店が泣いて悔しがるサービス』◆もくじ

4章 「今、目の前にいるお客様」を最高に幸せにしよう！

5章 本物のサービス―― 最後に必要なのは「あなたの本気」です！

本文図版　ワークショップ909

1章

「感動したお客様」だけが「顧客」になる！

1 お客様を幸せにする仕事は「天使の仕事」、それがサービスなんだ！

☆「お客様に感動して泣いてもらう」――サービスの目標はここ！

北九州市にものすごいホスピタリティー（おもてなし精神）あふれる美容室があります。いや、もう本当に感動的な店なのです。

一九九三年の創業以来、毎年一二〇％の成長を続け、現在八店舗（直営店六店、フランチャイズ店二店）を持つバグジーという美容室がそれです。

私も一度お会いしたことがありますが、社長の久保華図八《くぼかずや》さんという人がとっても素晴らしい人なのです。正直、久保さんにお会いし、実際にお店でカットをしてもらいながら、自分もこの仲間の中で一緒に仕事をしてみたいと思ったくらいです。

その久保さんが「スタッフは、お客様の喜びのために仕事をする、熱い人ばかり」

と話すように、この店の接客は「技術だけではなく、スタッフの人柄や人間性を売る」ことを徹底しているんです。

おそらく、「毎年一二〇％の成長」の秘密は、このあたりにあるのでしょう。

「お客様が感動して涙を流すほど喜んでくれる仕事は、天使の仕事」――これは久保社長の言葉です。

この言葉には、バグジーを「天使の仕事」で溢れさせ、お客様を涙を流すまでに感動させたいという久保社長の意欲が感じられます。「利益よりも大切なものがある」――「売上げ」ではなく「お客様の感動」を優先したとき、成長率が大幅に増えたといいます。

実際、バグジーでカットしてもらうとそれは実感できます。スタッフ一人ひとりが本当に人懐っこく、お客様に、家族や大切な友人かのように接してくれるのです。

どのお店でも扉を開けて中に入ると、まず聞こえてくるのは、お客様とスタッフの楽しそうな笑い声、そして笑顔です。

スタッフ一人ひとりが美容師というお仕事と、バグジーで働けるその喜びに満ちあふれているわけです。まさに天使のお仕事です。

髪の毛を切るということはもちろん、ときにはお客様の恋愛の相談相手になっていたり、来てくれたお客様の自転車がパンクしていれば、パンク修理までしてしまいます。

さらに結婚式のお手伝いをさせてもらったお客様に、お店のスタッフ全員で、毎年その方の結婚記念日に寄せ書きをして送ってあげようと楽しそうに企んでいます！

これらを見ていると、**「感動的なサービスができる人」というのは、みんな「人間味あふれる優しい人」**なんだなと、心の底から感じます。

お客様が喜んだり、驚いたりしているのを見て、自分のことのように喜ぶことができるんですね。

☆お客様の「小さな期待」を裏切らない

さらに、私が驚かされたのは、基本的に閉店時間を設けていないということです。

「お客様にはいろいろな事情があるし、どうしても明日までになんとか……ってことだってある。だったら、私たちができることをやろう」という発想で、お客様から

「まだやってますか？」という連絡が入ったら、閉店時間を過ぎていても「まだやってますよ」と言ってしまうのだそうです。

だから、やるしかない。

つまり、予約が入れば、夜は何時でも受け付けることになります。お客様が、夜遅く電話してくるのは、「その時間が都合がいい」「その時間しかあいていない」からです。

現実にそれにお応えできるよう、店長の携帯電話は二四時間フル稼働なのです。お店を閉めてから翌日お店があくまでのあいだ、お店の電話が店長の携帯電話に転送されるようになっているのです。

そのことをスタッフに聞いてみると、

「私も早く店長のようになって、いつでもお客様の要望にお応えしたいです」と言うのです。

これはべつに社長に強制されて、会社が決めたルールだからやっていることではないのです。バグジーのスタッフが本心からお客様の要望にいつでもお応えしたいと自分たちで決めて、自分たちでやっているのです。

こう話すと、本当にそんな従業員がいるのか、などと疑う方もいらっしゃるでしょう。しかし、これは現実に起きているのです。

「お客様の小さな期待を裏切らない」——それが基本です。

とにかく、お客様のために尽くしたい、という姿勢がスタッフみんなの意識の中に貫かれている。そこがこの店のすごいところです。

そして、それを実現しているのが、「お客様が喜ぶことはみんなでなんでもやろう」という久保イズムなのです。

☆「投げた球は必ず返ってくる」が鉄則です！

このように、みずからお客様のことを考え行動できるようなスタッフが一〇〇名近くいるバグジーですが、ここにまでいたったのは、久保さんの大きな転機があったからだと話してくれます。

久保さんも昔はヤンチャばかりしていたそうです。

中学校もろくすっぽ行かず、卒業のとき「お前たちみたいな悪ガキは、手に職をつけないといけん」ということで卒業後、美容師になることを選択したそうです。下積みを経て自分で独立してやっていたころは、今とはまったく逆の自分だったと言います。

「香取さん、僕はね、それまでは本当に極悪非道な社長だったんだよ。

自分が幸せにならなかったら、絶対に他人を幸せにはできんって言って、まずは売り上げ、金儲けのことばかりだったんだ。

だから、本当にひどかったよ！

儲かったらそれはすべて自分のために使ってた……。社員のためになんてこれっぽちもなかったよね。

だから、ベンツを乗り回し、洋服なんて毎日違うものを着ないと気がすまないから、年間で七〇〇万円ぐらい洋服に使っていたかなぁ……。

仕事にしたって、いわゆる威圧感で従業員を押さえつけ、前の日飲んでいて店に出るのが遅くなると、『お客さんのシャンプーはゆっくりやっとけ』ってね。そうすれば遅れても間に合うでしょっ……。パーマのときなんてアシスタントがロットを渡すのを間違えたら、その場で折って、『代われ』ってね……。だから人を育てようとしてなかったんだよね。

そしたらついにクーデターだよね。まぁそこまでやりたい放題の社長だもんね、あたりまえだよ！

自分の右腕左腕とナンバー3までが連続で辞めたいって言いだしたんだ。もちろん彼らに辞められたら会社はつぶれるからね。あせったよ。

投げた球は必ず返ってくるんだよ。何で辞めたいんだって聞いたら、『だって久保さん言ってたでしょ、自分が幸せになんないと他人を幸せにはできないって、だからいい物件があるから独立して、まずは自分が儲けて幸せになります』って……」

こうしてお店の中心となるナンバー3までが辞め、人が辞めると会社がつぶれると

香取感動ノート【その1】

お客様から好かれる人、印象ゼロの人

1 **「大それたことをしよう」なんて思わない**

「お店が開いてればいいな」といった「お客様の小さな期待」を裏切らないこと——それが基本です

2 **「オフ時間の自分」に気をつけよう**

自分がお客になったとき、「ありがとう」が自然に言える人間になろう。「オフタイムの自分」が「オンタイムの自分」になることを忘れない

3 **人は「感動している人」を見ると「感動する」ことがあります**

他人の前で、仲間の前で、「素直に感動している自分を見せる」。「人前で泣けるようになってからお客様が増えた」という人もいます

4 **「なんで、そう思う？」を合い言葉にしよう**

規則、セオリーは、部下に教えない。考えさせる。「人から教えられたこと」でなく「自分で考えたこと」が、その人の「財産=血肉」になる

5 **「ありがとう」は言うだけでなく、書いてみよう**

簡単な「ありがとう」も書いてみると意外にむずかしい。「なぜ、ありがとうなのか。どこが、ありがとうなのか」といろいろ考えるのもいい

いうことを目の当たりにしたそうです。そして辞めた三人を「ここまで世話してやったのに辞めやがって」と恨み妬み、仕事が終ると残ったスタッフを連れて、飲みにいっては、その三人の悪口ばかりを言っていたそうです。

そんなあるとき、友人から西郷隆盛さんの話をする偉いお坊さんの講演があるから久保さんも一緒に行こうよと誘われたそうです。もともと人の話を聴きにいくのは嫌いではなかったのでその会場へ行ってみると、そこには四〇〇人くらいの経営者が集まっていました。

そして最初にそのお坊さんが話してくれたのは、西郷さんのことです。

「西郷さんになぜあんなたくさんの人がついていったのか。それは、西郷さんの人徳だったんですよ。西郷さんは村の中でやせた田畑を買い取ってあげ、自分の持っているものを分け与えたといわれています。だから、この中にも経営者の方がいらっしゃると思いますが、分け与えることをせないかんですよ。

それをせんと、自分の私欲のためにやっていると従業員は皆辞めていきます。

それでもわからん馬鹿な経営者は、残った従業員を集め、辞めていった従業員の悪口を言います。

本当に馬鹿なので、そんなことを言ったら残った従業員がどう思うかって考えないんですねぇ。

そんな経営者は、今すぐ辞めたほうがいいです。

でも、もし改心したならば、残った従業員に心から謝りなさい。『あんなに良い人を辞めさせてしまって本当にごめんなさい』とね。そしたら、必ず奇跡は起きます！」

これを聴いて久保さんに電撃が走ったそうです。そのお坊さんが久保さんのことを知っていたわけではないのですが、これはまさしく自分に言っているんだと思ったそうです。

そしてすぐさま帰って言われたとおりしてみると、話を聞いた従業員がこう言ったそうです。

「久保さん、もう辞めていってしまった人のことはいいじゃないですか。残ったもんでこれからのことを考えましょっ」

☆サービスは川と同じ――根本の水がきれいでないときれいにならない

そして奇跡は起こります。

今までの考え方とはまったく逆に、「従業員が幸せになることが社長の自分にとっての本当の幸せなんだ」と気づき、従業員が辞めない、従業員が幸せな会社を作りたいと考え、それまでのすべてを変えたそうです。

まずは仕事がきついので、年に一回の誕生日ぐらいは休ませてあげようとバースデー休暇を作り、誕生日には今でも、メッセージカードを手書きで書き、お祝いをしています。また、自分が下積みのときにもっともうれしかったことを思い出して、夜は毎日二人ずつと一緒に食事をして、スタッフの話を聞いてあげるようにしたそうです。

もちろん現在もそれは続いていて、久保さんが講演などで出張するようなときは、交通費を出してあげて現地に二人を呼んで一緒に食事をしているそうです。今ではスタッフみんな、久保さんとの食事の順番が回ってくるのを楽しみにしています。

したがって、月のうち久保さんが家族と食事をとるのは一日だけだそうですが、それでも久保さんの家族はそれをまた楽しみにしていて、お父さんを心から誇りに思い、尊敬し応援してくれているのだそうです。

また、そのときからお店の売り上げの〇・二%を毎月、近所の孤児院へ寄付しているそうです。するとスタッフから「日本中どこを探しても、孤児院に毎月寄付している美容師なんていないですよね」と自分たちの「天使の仕事」に自信を持つようになったそうです。

こうして自分が従業員にできるすべてのことをしてみたところ、みるみる従業員が変わってきたのです。優しく大事にされればされるほど、今度はそれがスタッフからお客様へのサービスとしてあふれ出てきたのです。

私もディズニーランドで同じ体験をしました。

たかがアルバイトの私宛に、毎年届くミッキーからのバースデーカード。それは何万人もいるアルバイトの全員に贈られます。そして、お客様へ本当に喜ばれるようなサービスをした人は、名誉な賞をもらえたり、累計勤続時間ごとに表彰やパーティーもしてもらいました。

本当のサービスとは、川と一緒です。

いくら汚れた川を掃除したところで、根本の湧き出る水がきれいでなければ、川はいっこうにきれいになりません。自分が周りの人から受けた優しさが、自分の心を満たし、そのこぼれるところでサービスをすることが、「究極の感動」を生むホスピタリティーになるのだと思います。

☆「人前で泣ける人」は例外なく「すごいサービスができる人」

バグジーでは、その優しさを高めていくために、毎月一回のミーティングで読書会を開いています。それぞれのスタッフが「泣ける本」「感動する本」を持ち寄って、その一節をみんなで順番に読み合っているのです。ここでは、成功企業に学ぶ感動のドキュメンタリーで日本を元気にしている、『Do IT!』というビデオで紹介された、バクジーの読書会でのワンシーンを紹介しましょう。

集まったスタッフが車座に座り、その中の一人、小川さんが朗読を始めます。

それは、生まれつき目の見えない一四歳の女性の話です。

彼女は自分の不幸を嘆き、目の見えない自分を産んだ母親をいつも恨み、責めつづけます。

ただ、あるとき、ふとしたことで、母親が「ごめんね」って言いながら一人ですすり泣いているのを聞いてしまう。

このとき、彼女は気づくのです。

「目の見えない子を産もうなんて思う親はいるはずがない。それなのに、そのお母さんに対して自分はなんてひどいことを言ってきたのだろう」といったことに。

それから、彼女は、自分の人生をもう一度見つめなおそうと心から改心します。

そのころ、彼女はある作家と出会います。

その作家が彼女に、

「もし願いが叶うとしたら、あなたはどんな願い事を神様に言いますか？」

と聞きます。彼女は即答します。

「もし願いが叶うとしたら、一時間でもいい、私の目を見えるようにしてほしい。一時間がダメだったら、一〇分でもいい。一〇秒でもいい。目が見えるようになりたい」

と。作家がさらに聞きます。

「あなたは目が見えたら何を見るの？」

彼女は答えます。

「私はお母さんの膝の上に頭を乗せて、目が見える間中、お母さんの顔をずっと眺めていたい」

このあたりで、小川さんはすっかり涙声になっていました。もちろん、まわりのスタッフたちも涙でいっぱいです。

ただ、ボロボロ泣いているこの小川さんこそ、バグジー売上ナンバーワンのスタッフだそうです。

ビデオでは、小川さんはたった一人で、年間二〇〇〇万円の売上を立てているといいます。

美容室は単価が四〇〇〇〜五〇〇〇円と小額ですから、「年間二〇〇〇万円」という数字がいかに大きな数字かがわかります。

ビデオに映しだされた久保社長が言います。

「彼だって、最初からお客さんがたくさんついたわけじゃない。**朗読会で泣けるようになってからは、お客さんがひっきりなしになりました**」

他人の前で、仲間の前で、自分をさらけ出して泣けるくらいの優しさにあふれる人間だからこそ、お客様への感動的なサービスができるのです。そして、そういうスタッフがいるから、「生涯顧客」も生まれるのです。

「お客様の満足をわがことのように喜ぶ」バグジーの風土は、このミーティングでもよくわかります。

このビデオで印象的だったのは、久保社長の「泣いてなんぼや」という言葉でした。

☆「なんで、そう思う?」――ディズニーランド〝魔法の言葉〟

「僕は美容師を育てているんではなく、人を育てているんです」

久保社長のこの言葉を聞いたとき、

「ああ、久保社長もそういう考え方の人なんだ」

と、私は素直に納得できました。

ディズニーランドも、キャスト（ディズニーランドではスタッフのことをこう呼びます）をただのアルバイトとして育てているのではなく、一人の人間として育てています。

ゲスト（ディズニーランドのお客様のことです）に感動を与えるサービスができるようになるまで、何度も何度もトレーニングを行なうんです。

たとえば、ディズニーランドでは「身だしなみ」に対して、細かい規定があります。髪は耳まで伸ばしてはいけないとか、「身だしなみ」にはかなり厳しいチェックが入ります。

ただ、この場合も、ディズニーランドは「会社の規定」を押しつけようとはしません。

キャストと一緒に考えるのです。

「なぜ身だしなみを守らなければならないと思う？」
「規則なんでしょ」
「なんで、そういう規則があるんだろう？」
「んー、身だしなみが悪いと不快になるゲストがいるからかな？」

といった具合に、相手に考えさせるのです。

「人から教えられたこと」ではなく「自分で考えたこと」は必ず、その人の財産となるからです。

つまり、ディズニーランドでは、キャストに規則を守らせるのではなく、規則を守るキャストを育てているわけです。その意味で、バグジーとディズニーランドは非常によく似ています。

もちろん、このような風土とは、肌が合わないという人も少なくありません。

「もういやだ。こんな面倒くさいところ、辞めてやる」と、思う人もいます。

でも、その人がそう思ったっていいんです。

というのも、その人が、社会に出たとき、その風土のよさにいつか必ず気がつくときがあるからです。とくに、その人が将来部下を持ったとき、**「人間的に成長しなければ、いいサービスはできない」というサービスの本質**に必ず思いいたるはずだからです。

☆「絶対に信じて、信じて、信じ抜く！」

スタッフとしてではなく、人間として成長してほしい――ディズニーランドでも、バグジーでも、このような思いで、リーダーはチームのみんなを指導しています。

ですから、人間関係は非常に濃厚なものとならざるをえません。

先ほども少し紹介したように、久保社長は、一カ月で、家族と晩ご飯を食べるのは第三日曜日だけと決めているそうです。

残りの三〇日（二九日）は、なんと、毎日スタッフを二人ずつ順番に連れ出して食事をしているのです。

では、その食事の場で何が話されるのでしょうか――。

久保社長は、自分の考えを一方的に話しているわけではありません。

スタッフといっしょに会話をして、考えるのです。それはお店の話であったり、お客様の話であったり、もちろん、久保社長やスタッフの個人的なプライベートな話に及ぶこともあるでしょう。

おいしいものを食べながら、いろいろな問題を一緒に考えていくことで、スタッフに人間的に成長してほしい――。久保社長のこのような思いから、この食事会は開かれているのです。

久保イズムが、このような形でスタッフ各自に徹底され、全員がお客様に喜んでもらうために、一丸となって考えられるかぎりのサービスを提供しているわけです。

スタッフを「絶対に信じて、信じて、信じ抜く」――今では、これが久保社長の信条となっています。

バグジーに多くのお客様がひきつけられ、リピーターになっていくのは、店とお客様との間に、日々、「心から生まれる感動」があるからなのです。

これから本書で紹介する数々の感動エピソードには、マニュアルではけっして創ることのできない、人間の優しさが生んだ究極の感動あふれるホスピタリティーがたくさん出てきます。

是非、心で感じてもらえればと思います。

2 「あなたの感動」を探してみよう

☆東京ディズニーランドの歴史で「もっとも有名な伝説のサービス」

私の古巣である東京ディズニーランドには、今や「伝説」となっているサービスがたくさんあります。

もちろん、キャストたちは、そこから多くのことを学んでいるわけです。

ここで、もっとも有名な「伝説のサービス」をご紹介しましょう。新聞の全国版にも載ったので、ご存じの方も多くいらっしゃると思います。

これは、「お子様ランチの話」として、ディズニーのキャストの間で語り継がれているお話です。

このお話は、ディズニーキャストを代表する、ホスピタリティーマインド（おもてなし心）いっぱいの、感動あふれるエピソードだと思います。

それはある日、ご夫婦が、パーク内のレストランでランチを食べようと来店したときのことです。

「ご注文はお決まりでしょうか？」

メニューを聞きにいった女性キャストに、自分たちのメニューを注文したあとに、「お子様ランチ」をいっしょに注文されました。しかし、キャストが見たところ、肝心のお子様が見つかりません。

そのキャストは、お店に「お子様ランチは六歳以下のメニュー」というルールがあるので、そのことをお話しします。

「申し訳ありません、お客様。お子様ランチは六歳以下の子どもさんのメニューになっておりまして……」

それを聞いたご婦人があわてながら、こう答えたそうです。

「ああ、ごめんなさいね。お子様ランチはいいわ、気にしないで……」

でも、そのキャストは、心にひっかかるものを感じて、またお客様のところへ……。

「あの……、先ほどは申し訳ありませんでした。あとからお子様がいらっしゃるのですか？」

すると、そのご婦人がこう言ったのです。

「ああ、さっきのことね。いいの、いいの、気にしないでね」

「はあ……」

「いえね、じつはね、**私、この前、流産しちゃって。だから、今日は、子どもといっしょに親子三人で来ているっていうつもりで……**。つい無理なこと言って困らせちゃったわね。いいのよ、気にしないでね」

「そうでしたか……気づかなくて申し訳ありませんでした」

そういって、彼女はマネージャーのところに走っていったそうです。おそらく、彼女の心の中には、

「このゲストを放ってはおけない。なんとかしなくちゃ」

とディズニースピリッツに火がついたのでしょう。

ゲストの「心の声」が聞こえたのです。

☆「伝説のサービス」――この場面で、あなたならどうする？

「伝説のサービス」の話を続けましょう。

「マネージャー、どうにかなりませんか？」

女性キャストからこの話を聞いたマネージャーも、やっぱり、ディズニーランドで鍛えられた人です。マネージャーをやっているほどのベテランですから、当たり前といえば、当たり前ですが。

その人は、話を聞くと、すぐにこう言ったそうです。

「よし、わかった。じゃあ、**お子様ランチをお出ししよう。もし何か問題があった場合は、オレが責任をとるから**」

こうして、注文を通したマネージャーは、お子様ランチができあがると、あの女性キャストを呼びました。

「これ、持っていって。注文を受けた君が持っていくのが一番喜ぶから」

女性キャストは、喜び勇んでお子様ランチをご夫婦のところに持っていきました。

さらに、空いていたイスを子供用のイスに替えてあげて、

「三人で、ごゆっくりお楽しみください」


ご夫婦が喜んだのはいうまでもありません。目にはいっぱいの涙を浮かべて……。

そして、帰り際にインフォメーションセンターに立ち寄り、

「本当に、ありがとうございました。お子様ランチが頼めないことは、わかっていたんです。それなのに、私たちの気持ちを汲んでここまでしてくれた。ディズニーランドの人たちに、本当に感謝しています。どうぞあの女性スタッフの方によろしくお伝えしてください」

と伝えたそうです。

そして、このお客様はさらに、この話を新聞の読者欄に投稿したのです。

それが全国版に掲載され、このサービスは「伝説」となったのです。

この話を聞いたのは、私が現役でキャストをやっていたときです。私は、もし自分がこの場にいたらどうするだろうと考えました。このキャストと同じことができたかどうかを……。

結局、自分だったら、

「あっ、すみません。お子様ランチは六歳以下のメニューなので、お出しできません」

と、あっさり断わって、戻ってきたんじゃないかと……。

この女性キャストはお子様ランチを注文されたときに、そのときのお客様の表情や雰囲気から何か引っかかるものを感じ、もう一度お客様の所へ行ったのだと思います。まさしく、ゲストの心の声に耳を傾けていたのです。きっと**ゲストに対する関心、観察力がしっかりと備わっていた**女性キャストなのでしょう。

また、私がマネージャーだったら、同じように指示が出せたかどうか。できたかもしれないし、できなかったかもしれないし……。

自信はありませんが……。

ここで、このマネージャーがすごいのは、OKを出したうえで、そのキャストにお子様ランチを届けさせた配慮です。

「部下の手柄を横取りしない」——

これは簡単なようでけっこうむずかしいですよね。以前私の上司にこう言われたことがあります。

「人間ほめられたり、喜んでもらえることが一番うれしいし、それがモチベーションになるんだ」

と。このエピソードから考えると、お客様へお子様ランチを渡す瞬間が大切であり、お客様の心の声に気づいたキャストに「これ、持っていってあげて」と、きちんと指示を出せたマネージャーのすごさを感じます。もし私だったら、ここぞというときに、自分で持っていってしまっていたのではないかと思います。

きちんと部下に手柄を取らせることができるのが、真のリーダーではないでしょうか。

そして、私はそこに、ディズニーランドのキャストの力強いチームワーク、総合力を感じるのです。

「できないこと」だから、断ってしまうというのは簡単です。でも、考えてみてください。

できないことを、ただできないと断わることがサービスだとしたら、それは「免責のサービス」にすぎません。

そうならないために、一人ひとりのキャストが、ゲストの心の声に耳を傾け、今できる最善の方法をチームで考え行動する。これが本当のサービスなのではないかと思います。

☆私は「黄色いアルトの話」でサービスの気合いが入ります！

ディズニーランドのキャストは、毎日同じような仕事をしているわけですが、目の前にいるゲストは毎日違うお客様です。

その一人ひとりに、ディズニーランドを訪れた理由があり、ストーリーがあるわけです。

そして、ゲストがディズニーランドに寄せる期待は、私たちキャストの想像をはるかに超えるものなのです。

だから、私たちキャストはゲストのために全力をふりしぼってサービスに努めなければなりません。

前項のお子様ランチのキャストのような「気づき」と「想像力」をもって。彼女は、お子様ランチを頼まれたときに、ピーンとくるものがあったはずです。ゲストが、お子様ランチを食べたくて言っているのではないことに気づいたのです。

このことを考えると、いつも思い出すことがあります。

それは「黄色いアルト」のお話です。

私の最初の本『社会人として大切なことはみんなディズニーランドで教わった』（こう書房）にも書きましたが、ここで、もう一度、ご紹介しましょう。

私が高校三年生の夏休みのときの話です。

当時は、「パレードゲストコントロール」という部署に所属していましたが、その日はあいにくの大雨でした。

雨ならパレードは中止ですが、いつ雨があがるかわからないので、スタッフは全員出勤し、パレード中止が決まるまで待機していなければなりません。

その日の雨はあがらず、パレード中止が決定しました。普通であれば、ここで勤務解消、退勤となるのですが、その日はなぜか、スタッフがトレーニングセンターに集められました。

トレーニングセンターの部屋の中に、約八〇人のスタッフが集まりました。全員が着席したのを見届けて、私たちの上司である町丸さんが口を開きました。

「連日、夏休みということもあって、たくさんのゲストが来てくれていますね。みんなは高校生で、クルマ通勤していないから、あまり見たことないと思うけど、毎年この時期になると、パークの駐車場には、前の日から来るゲストのクルマが夜中に到着して、パークがオープンするのを待っているんです」

私は、そのことを、まったく知りませんでした。

「昨日の夜、クルマで帰ろうとしたら、今日パークに入るために、たくさんのクルマがパーキングの入り口で止まっていました。今朝、早めに出勤してみたら、何と一番前で待っていたのは〝黄色いアルト〟だったんです」

「アルト」といえば、小さな軽自動車。

気になった町丸さんが近くに寄って見てみると……なんと、鹿児島ナンバーのクルマだったのです。

町丸さんの話は続きます。

「クルマの横では、お子さん二人とお母さんが遊んでいました。聞いてみると、家族四人で昨日の朝に鹿児島を出発、お父さんとお母さんが交代で運転してきたそうです。

クルマの中を見ると、死んだように眠っているお父さんがいました」

パークの中で働いていると、「目の前のゲストがどこから来たのか」なんてことをいちいち考えないものです。

でも、実際には、多くのゲストが多大な「時間」と「お金」と「労力」をかけて来てくれているわけです。

「残念ながら、今日のパレードは、雨で中止になってしまったけど、できることなら、

雨でもなんでもいいから、見せてあげたかったよね」

町丸さんはそういって話を結びました。

私は、すっかり意気消沈してその話を聞いていました。

じつは、その数日前、私たちスタッフの数人は、アルバイトの休日を利用して、長時間勤務者がもらえるディズニーランドの優待券で涼しい顔でパークに入場し、「働く者の特権」とばかりに遊びまくっていたのです。夏休みのなかでも、もっとも混雑するお盆のど真ん中の日に……。

このときほど、自分が恥ずかしいと思ったことは、ありません。

また、このときほど、

「〝今日は来てほんとうによかったね。また、来ようね〟とゲストに言ってもらえるよう、全力でおもてなしをしよう」

と、心から思ったことはありません。

☆「昨日感動したことを、今日話す」――これが最高のトレーニング

いわゆる〝ヤンキー〟だった私が、なぜ、ここまでサービス業にのめり込んだのか。疑問を感じる読者もいらっしゃるかと思います。

それは、たまたま、私の青春時代のほとんどを費やしたディズニーランドが、つねにゲストを中心に考えていたからです。

ディズニーランドでは、サービスに取り組むということは、ゲストに喜んでいただこうと積極的に努力することを意味しています。

だから、パーク内では、マニュアルを超えた心のこもったサービスが、スタッフたちの判断で、どんどん行なわれていました。また、それを奨励し、評価をしてくれるチームの先輩もたくさんいます。

そんな環境の中で育てられていった私は、サービスというものの素晴らしさ、奥深さを次第に実感するようになったのです。

いったいどのようにして、そんな素晴らしい環境がディズニーランドで作られたの

香取感動ノート【その2】

「決めの一言」がスパッと言える人、言えない人

1 「どうかなさいましたか？」
当たり前のような言葉ですが、実際に口にしている人は少ないものです。「お客様への関心・観察力」がないと、なかなか言えない言葉なんです

2 「お誕生日おめでとうございます」
顧客の方には「なぜ自分のことをここまで知ってくれているのだろう」「関心を持ってもらってうれしい」と思っていただくことが大事です

3 「お前の仕事はオレたちがカバーする」
こう書くと、いかにも「クサい言葉」ですが、「クサい言葉」だから力があるんです。これが言える組織は、スタッフが全身全霊、お客様にのめり込むことができます

4 「今、自分ができることで一番いい方法は何だろう？」
これは自分に向かって言う言葉。この言葉で自問するクセができていると、「いい知恵」が突然浮かびます

か。私も、講演会などを行なうたびに、

「ディズニーランドのスタッフは、ほとんどがアルバイトなのに、なぜそんなサービスができるのか」

とたびたび聞かれます。

その答えを、自分なりに考えてみたことがあります。そのとき気づいたことは、

「一つの仕組みがある」ということでした。それは、

「昨日あった出来事が、翌日には全スタッフに伝わっている」

ということです。そういう目に見えない仕組みが、ディズニーランドにはできあがっているのです。

私たちスタッフは、出勤すると必ず朝礼を受けます。そこでは、責任者から全員に、前日にパークであった出来事や、「ゲストからの賛辞の声」「クレーム」などの情報が伝えられます。

「昨日、こんなことをしたら、ゲストがとっても喜んでくれて、また必ず遊びに来ま

すって。今日もたくさんのゲストが来てくれると思うけど、このレストランみたいにゲストの期待を超えるサービスをしていこう！」

お客様からの感謝や賛辞の手紙などを、掲示板に貼っている会社やお店というのは、めずらしくありません。

ただ、ディズニーランドでは、責任者がみずから、自分の言葉で、朝礼時に伝えるのです。このことが、私たち、若いスタッフの心に響かないわけがありません。

こうした朝礼が、毎日繰り返されるのです。

そうしているうちに、私たちスタッフの「心の引き出し」の中に、「ディズニーならではのサービス対応」というものが蓄積されていきます。さらに、各スタッフに芽生えたやる気や向上心が、「マニュアルを超えたサービス」というものを熟成させ、「みんなで積極的にがんばっていこう」となるのです。

最後に、ディズニーランドならではのエピソードを紹介して、締めくくりましょう。

これはアメリカ・フロリダ州の「ディズニーワールド」でのお話です。ハリケーン（日本の台風）の影響で、三日間、全パークの開催を中止にせざるをえなかったときのことです。その間、周辺のオフィシャルホテルに宿泊している人たちは、みんな缶詰になっていました。

それを見て、ディズニーワールドのキャストは、せっかく来てくれたゲストに何かしてあげられないだろうかと考え、ミッキーマウス以下、ディズニーのキャラクターが総出で、一軒一軒、宿泊客を訪問したそうです。

名づけて〝ミッキーのドアコール〟。

みんなで手分けして、パークの中止をおわびをするために回ったのです。

これが、「ディズニーのマニュアルを超えたサービス」なんですね。

「今、目の前のゲストに最高のハピネス（幸せ）を」――。

天候や災害は、誰の責任でもありません。

しかし、ディズニーランドに期待を寄せてはるばる遠くから大変な労力をかけて来ていただいたお客様に、私たちが今できる最高のおもてなしを提供していこうという姿勢が、創設者ウォルトディズニーの考え方であり、それが日米合わせて七万人を超えるキャストたちの想いでもあるわけです。

困ったときのキーワード――「もし今ウォルトが生きていたら、どうするのだろう」と考え、キャストは行動しているのです。

3 「対面・電話・メール以外のサービス」で、勝負してみよう

☆「私たちは、あなた様にこれだけは約束します」(「五つのお約束」)

大阪に「生活総合サービス」という通信販売の会社があります。

創業は一九九七年六月。従業員は五一人で、近年は業績がぐんぐん伸び、二〇〇三年は二七億五〇〇〇万円の売上げを達成しています。

社長は古賀淳一さんという元商社マン。

商社時代から起業意識が高く、老人介護に関連したビジネスをしたいと思っていました。まずは「ハートある警備会社」をモットーに、一人暮らしの高齢者を対象とした警備会社をスタートさせます。

一年間くらいはそこそこ順調だったようですが、やはり大手警備会社には、どうし

てもかなわなかったようです。

そんなとき、一人暮らしの高齢者の方たちから、「高齢者は体力がないから買い物に行くのも大変」「買い物に行くのが面倒」「どんな商品があるのかわからない」「買い忘れをする」といった声を、よく耳にするようになりました。

そこから、一人暮らしの高齢者を対象とした、通信販売のビジネスを思いついたとのことです。

「ハートある警備会社」から「ハートある通販会社」へと変貌《へんぼう》したわけです。

生活総合サービスが扱う商品は、産地直送品から健康食品、化粧品まで、多岐に渡りますが、興味深いのは、すべて自社製品であることです。

ただ、この会社の魅力はそれだけではありません。

商品のオリジナリティもさることながら、**通販会社としてはまさに〝究極の接客サービス〟を行なっている**会社といってもいいのです。

この会社は、女性社員が主力戦力になっています。お客様もほとんどが女性なのです。ホームページでウェブショップを開くと、女性店長のかわいらしい似顔絵イラストとともに、パステルカラーを基調とした、女性ならではの色づかいで、それぞれの商品が紹介されています。

ウェブショップでは、生活総合サービスのお客様に対する「5つのお約束」というところがクリックできます。

クリックしてみると、「私たちは、あなた様にこれだけは約束します」と出てきます。さあ、「5つのお約束」を見てみましょう。

①全ての商品はいかなる理由があっても、いつでも返品を承ります。当然開封後、使用後であっても返送料も私達がご負担致します。
②売り込みのお電話は一切致しません。
③「全てのお客様に対して誠実に！」が私たちのモットーです。
④生産者・製造者が明確な本物だけをお届けします。
⑤お手紙などで皆様との御縁を大切に致します。

☆「そろそろお客様の石鹸が減ってきたころだ」までわかる！

生活総合サービスの「5つの約束」を、もう一度見てください。

①から④はさておき、⑤の「お手紙などで皆様との御縁を大切に致します。」という項目は、他の通販会社ではまず見られません。

でも、この最後の約束こそ、「感動を呼ぶ接客をする」第一歩と考えている試みなのです。

お客様は、たえずなんらかのサインを店に対して発信しているものです。

こんな商品が欲しいとか——。

商品について、こんな説明をしてほしいとか——。

これらを的確にキャッチして対処していかなければ、「お客様」は「お得意様」になってくれません。

ではいったい、何をどのようにしたらお客様に喜んでもらえるのか。

通信販売ですから、お客様との直接の接点は電話だけです。目に見えないお客様に対して、どのようにこちらの思いを伝えていくか。

それをブレークスルーするものが、古賀社長が発案した、お客さんに担当者が「手紙を送ること」だったのです。

生活情報サービスで商品を購入していただいたお客様には、必ず手紙を書く——。


もちろん、すべて手書きです。


数でいったらそれは膨大なものになります。しかも、それだけでなく、それぞれのスタッフが、文章や体裁などにみんなが自発的にさまざまな工夫をこらしているところが、この会社の強さなのです。

じつは、「手紙作戦」はいろいろ試行錯誤をしてたどりついた結論だそうですが、職場の様子を見ていると、女性スタッフたちが受話器を握りながらペンを走らせていたり、便箋《びんせん》にシールを貼ったり、みんな忙しく動き回っているのがわかります。シールは、担当者それぞれの似顔絵なんです。便箋も自分が選んだかわいいものでＯＫ。書き手であるスタッフのハートが光ります!!

香取感動ノート【その3】

「お客様の心の声」が聞こえる人、聞こえない人

1 「お客様の期待値」を読もう

感動は持続しません。一回感動したお客様は、次はそれ以上のサービスを求めるもの。つねに「相手の期待値を上回ること」が大事なんです！

2 「お客様のシーン」を考えよう

「何を買う」ではなく「買って何に使うのか」を考える。お客様の思いを先回りすることで、「小さな感動」が生まれます！

3 「お客様の苦労」に思いをはせよう

お客様がここに来るまでに「どれだけ苦労したか」を、ちょっと勝手にイメージしてみる。それだけであなたのサービスは熱くなるはずです！

4 「お客様の思い出」を優先しよう

お客様は「商品・サービス」でなく、「幸せ・思い出」を求めているんです。それがわかると「お客様の笑顔＝自分の幸せ」の境地に達します！

本当にすごい人たちだと思います。

あるとき、一人のスタッフから、こんな話を聞きました。

定期的に石鹸《せっけん》を買ってくれるお客様の担当スタッフのお話です。

なんと、彼女は、お客様からのオーダーが入っていなくても、そろそろなくなるころだと判断すると、サービスと称して「新しい石鹸、サービスであげちゃいます！」と書いた手紙を添えて送ってしまうのです。もちろん、社長の承認を取ったうえでですが、**「手紙作戦」で密にコミュニケーションしているからこそ、相手の石鹸の減り具合までわかってしまう**のです。

「社長。まだオーダーをいただいたわけではないんですが、いつも購入していただいている石鹸、お送りしてもいいですか」

古賀社長も、

「ああ、いい、どんどんやって！」

こんな具合です。

他にもこんなエピソードを聞きました。

あるスタッフがお客様とお手紙をやり取りしているうち、そのお客様がお花が好きだと気づきます。そして次の手紙の中に、大好きなお花の種を入れて差し上げたそうです。

するど今度はお客様が、その花の種から芽が出て、花が咲くまで、絶えずその様子を写真に撮って「今日芽が出ましたよ」「もうすぐ花が咲きそうです」「きれいに咲きました」といった手紙に添えて送ってくださったそうです。

まさに、業務を超えたところでのお客様との文通です。

こうして、お客様との心の通うお付き合いが、⑤のお約束として実現できているのです。

生活総合サービスには、お客様からの感謝の言葉が手紙やファックスで、毎日のように届きます。

「使ってよかったよ」「ありがとう」といった内容から、「あの製品には、こういう使い方もありますよ」というような新しい提案や情報をくれるお客様も少なくありません。

そんなときは、そのお客様の声が、スタッフ全員にただちに伝えられていきます。

それが、次の商品企画やサービスに反映されていくのはいうまでもありません。

☆「本当のありがとう」は手書きで伝える！

生活総合サービスの社長とスタッフの会話を聞いていると、「サービスの本質」に改めて気づかされます。

つまり、一人でも多くのお客様に喜んでいただくために、**サービスを提供する側に必要なものは、スタッフ全員が共有すべき「熱いハート」**なのだ——私は、この事実を改めて思い知らされました。

いくらよいマニュアルがあっても、それを日々行なう人たちの「心の温度」が冷めていては、なかなか「お客様のために」という思いは伝わっていきません。

それだけではなく、もう一つ、この会社にはおもしろい「ルール」があります。

それは、誰かに何かをしてもらったときには、必ず「ありがとうメッセージ」を書いて、相手に渡すことです。

しかも、そのための専用紙まであるのです。その用紙には書き込み欄あるので、「ありがとう」の理由も書き込めるものです。

この「ありがとうメッセージ」は、古賀社長も積極的に行なっています。味気のないパソコンのメールなどではなく、血の通った手書きのメッセージであることが、なんともうれしくなるわけです。

生活総合サービスは、一〇人という小規模でスタートしましたが、ここ数年の社員の急増で、古賀社長は商品分野別にチーム制を導入することにしました。ちょうどそのとき、ご縁があって、チーム力を高めていくためのお手伝いを行なうことになったのです。勉強会は去年の夏からスタートし、月に一度のペースで開催しています。

社員の平均年齢は三〇歳代そこそこ。まだまだ可能性を秘めた会社です。

✩感謝グセのある人――違約金を払っても正社員にしたいですね

古賀社長は、人とのご縁を大事にする人です。

「会社にとって絶対にプラスになる」と思える人なら、たとえ相手が派遣社員の人であっても、その派遣会社と交渉をして、違約金を払ってまで正社員にしてしまうほどの人です。

「人こそが会社の財産」という考えの持ち主なのです。

その古賀社長が、研修が終わったときに、みんなの前で涙を流したことがありました。

それは、先ほど紹介した北九州市の美容室「バグジー」のビデオを教材にとりあげたときのことです。

「うちの会社も、まだ規模が小さくて社員が少なかったころは、バグジーさんのようにみんなが一致団結していて、お客さんが喜ぶことはどんなことでもやっていこう、という雰囲気が社内中にありました。ところが、業績が上がり、社員が増えて大きくなるにつれ、いつの間にか、社長である私は創業のころの精神を失って慢心《まんしん》してしまったようです。みんなのことを、もっと考えるべきだったのに、私の怠慢でおろそかになっていました。みんなが仕事をしやすい環境を作ってあげて、もっといい会社にしていくべきなのに、面倒くさいと逃げていたのかもしれない……。申し訳なかった」

古賀社長は、こんなようなことをスタッフ全員の前で話したのです。

そのとき、私ははじめて本当のことがわかりました。

古賀社長が、商品を買ってくれたお客様に、もれなく感謝のお手紙を出そうと提案したり、「ありがとうメッセージ」にも積極的に加わっているのは、お客様が好きで、一緒に働く従業員が何よりも好き、結局人間が好きだからなのだと。

たとえ、会社にとっては〝損失〟であっても、石鹸をお客様にプレゼントしたいというスタッフからの提案に、笑いながら「どんどんやって！」と言えるのも、今の古賀社長ならではのことなのです。

スタッフは、お客さんに少しでも喜びを与えられるようなことをいつもしたいと思っています。

石鹸を送りたいと申し出た女性にも、きちんとした理由があるのです。

「お手紙などで皆様との御縁を大切に致します。」

こんな会社から、数多くの感動ストーリーが生まれないはずがありません。

2章

お客様の「好き！」「うれしい！」を集めてみよう

4 「お客様の幸せがオレたちの幸せなんだ」と、つくづく納得してください！

☆「リッツ・カールトン・ミスティーク（神秘性）」は、なぜクセになる？

「アミューズメント施設」と「ホテル」——業種こそ違いますが、数々の伝説のサービスを生み出しているのが、なんといっても「ザ・リッツ・カールトン大阪」です。

一九九七年に大阪にオープンしたこの名門ホテルの母体は、もちろん、最高級のもてなしで世界的に名声を築き上げてきた、ザ・リッツ・カールトン・ホテル・カンパニー。

ザ・リッツ・カールトン大阪（以下リッツ・カールトン）は、地域最高の宿泊料金にもかかわらず、高い客室稼動率と、高い顧客満足度を誇っていることで知られています。

「泊まるなら絶対にリッツ・カールトン」という熱狂的なリピーターを、今なお増やしつづけていることでも有名です。

また、各種雑誌のホテルランキングではつねに上位常連になっているのは、ご存じの人も多いでしょう。

リッツ・カールトンの接客サービスは、「どこにもマネができない」という意味で、「リッツ・カールトン・ミスティーク（mystique：神秘性）」ともいわれています。

神秘的なサービス――つまり、**お客様からみれば、「なぜ、ここまで自分のことをわかっていてくれるのだろう」と、不思議に思うほどの感動を作り出す**ことから、こう命名されたといいます。

私も、大阪に出張するたびにこのホテルを利用していて、その「パーソナル・サービス」のすごさに感動しているファンの一人です。

ここでは、リッツ・カールトンの常連であり、熱狂的なファンである、私の会社の名誉顧問・鬼澤さんのエピソードを紹介しましょう。

リッツ・カールトンの「ミスティーク」には、やはり「お客様を喜ばせたい」という熱い思いが隠されているのです。

☆リッツのサービスは「顧客を知ること」から始まります！

鬼澤さんには、三人のお子様がいます。

鬼澤さんはとても家族思いの人で、家族の誕生日は、毎年全員家族そろってお祝いをするのですが、四十歳の誕生日のときは、ちょうど大阪出張が入ってしまいました。

仕事だからしかたがないと家族に謝って、「誕生祝いは帰ってきてからやろうね」と言って、大阪に出向きました。泊まったのは、もちろんリッツ・カールトンです。

リッツ・カールトンのサービスのことをクオリティ担当部長の桧垣さんから聞いていましたので、大きな期待を持って、「じつは四月五日は私の誕生日なんです」ということを伝えたそうです。

それは、世界中で「最高のパーソナルサービス」を提供するリッツ・カールトンです。普段宿泊していても大変心地よく過ごすことができるのだから、「きっと誕生日に宿泊すれば何かスペシャルなミスティーク（神秘性）体験ができるのではないか」と期待し、じつはそれが何より楽しみで桧垣さんにメールを打ったのだそうです。

桧垣さんからは、「せっかくの誕生日に家族と過ごせないのは残念ですね。もしよかったらスタッフと一緒に食事をしませんか？」というありがたいお誘い。「待ってました！」とばかりに、「ありがとうございます。ぜひ喜んで」との返事を出したそうです。

すると今度は「何か食べたいものはありますか？」と聞かれ、「いつもラインナップ（始業前のミーティング）を拝見させていただいている和食の『花筐（はながたみ）』で、おいしい天ぷらが食べたいですね」とお願いし、当日を迎えます。

鬼澤さんは、リッツ・カールトン大阪に向かいながら、

（今日は、僕の誕生日だってこと、リッツ側には伝えたし、どんなことが起こるんだろう）

と、ワクワクしながら、夕方の六時過ぎにホテルに到着しました。

すると早速、チェックインのとき、ゲストリレーションズの村田さんが鬼澤さんを見つけるなり、笑顔でこちらに走ってきます！

「鬼澤様、お帰りなさい。そして、お誕生日おめでとうございます」

さらに、周りにいたフロントスタッフが総出で、

「お帰りなさい鬼澤様。お誕生日、おめでとうございます！」

と出迎えてくれました。普通の人であれば、ここで感動してしまうかもしれませんが、鬼澤さんは「香取感動マネジメント」の名誉顧問です。並のことで感動してもらっては困ります（笑）。

（まあ、このくらいも当然、当然）

と、鬼澤さん。

しかし、次の瞬間、最初の驚きが……。

フロントで受け取った部屋の鍵に、もう一つ違う鍵がついているのです。聞くとその鍵は「クラブラウンジ」のある階に行ける特別の鍵でした。じつは、以前宿泊をし

た際に何気ない会話の中で「クラブラウンジでゆっくりしたい」と話をしていたのをしっかりと覚えていてくれたわけです。

（さすがリッツ・カールトンだなぁ。あのときの何気ない会話を覚えていてくれたなんて！）

顔見知りのベルパーソンと、打ちとけた会話を交わしながら部屋に入ると、テーブルの上にはチョコレートが……。

鬼澤さんは大の甘党です。

そのことを知っているリッツは、いつも部屋にチョコレートをさりげなく置いて歓待してくれるのです。

しかし、さすがに誕生日ということもあり、いつものチョコレートではなく、さらにバージョンアップしたチョコレートで細工された籠《かご》の中に、さらにまたチョコレートが入っているものが用意されていました。

そしてその籠の前には、リッツ・カールトンからのバースデーカードがありました。「さっそく来たか」という感じでその横に目をやると、鬼澤さんの同志からのメッセージも届いています。「いつの間に！」と思いながら、ウェルカム・ドリンクを飲んでチョコをつまみ、椅子に腰をかけて手紙を読み終え、机の上を見てみると、その上に置いてある青い封筒が目に入ります。

✩サービスのプロは「まずお客様の期待値を見る」

「何だろう、また誰かからのバースデーカードかな」となかから取り出してみると、それは小さな切り絵がたくさん貼り付けてあり、真ん中に大きくたどたどしい文字で「お父さんへ」と書いてある手作りのカードではないですか！

「あれっ？」と思い、開けて見て数分間、鬼澤さんは言葉を失ったそうです。

そのカードには、鬼澤さんの奥様、そして三人の娘さんたちが書いた手書きのメッセージが貼ってあるのです。一番下のお子さんは当時五歳です。ようやくちゃんと文字が書けるようになったくらいですが、その子の字でメッセージが書いてあります。

メッセージもそれぞれの娘さんたちらしい内容で書いてあり、そして中央には大きく「おたん生日　おめでとう！」。また、カードを開くとバースデーケーキが飛び出すようになっていて、ロウソクがちゃんと四〇本のっていたのだそうです。

しかもそのすべてが手作りで……。

数分間鬼澤さんの瞳から大粒の涙があふれ、その感動の涙をこらえるのに必死だったそうです。

家族みんなとは、今朝も家を出るときに、「今日は誕生日なのに一緒にいられなくてごめんね」という話をしてきたのです。前の日も一緒に食事をしたりしていたのですが、誰もまったくそんな素振りも見せていませんでした。大人である奥様ならともかく、娘さんたちもずっとここ数日隠していたのです。

そして、すぐに家に電話しました。

「パパ、びっくりした？　お誕生日おめでとう！」

家族はみんな、全部知っていて、鬼澤さんを驚かせているわけです。

「お父さんは涙が出るくらいうれしかった」ということをすぐに伝えました。奥様によると、鬼澤さんがリッツ・カールトンに予約を入れた直後に、スタッフから自宅に電話があったとか。

「せっかくのお誕生日ですから、鬼澤様に何かしてさし上げたいんです。お子様となかなか一緒にいられる時間がつくれないと、以前、おっしゃっておりました。それで奥様にお電話さし上げたのです。申し訳ございませんが、何か一緒に考えていただけませんでしょうか」

そこで、いろいろと相談した結果、一番上の娘さんのアイデアで、「家族で誕生日を過ごせないことは残念だけど、仕事で頑張っているお父さんにバースデーカードをみんなで書こう」とみんなで作成したようです。

もちろん、鬼澤さんには内緒で!

まさか家族からのカードがあるとは予想もしないサプライズです。

しかし、それは当日宿泊した鬼澤さんだけのサプライズではないのです。鬼澤さんが「お父さんは涙が出るくらいうれしかった……」という電話をした夜、お子さんたちは、「この作戦は大成功だった。お父さんがとても喜んでくれた」といってみんなで喜んだそうです。

その場所にいなかったお子さんたちにとっても、本当によい思い出になったのです。奥様は「家にいて普通にお祝いするよりも感激できることもあるんだね」と言って喜んでいたと言います。まさに家族全員にとって素晴らしい思い出になったことは間違いありません。

リッツ・カールトンはお客さまのニーズの先読みをすることで高い顧客満足を獲得しているホテルです。鬼澤さんも、まさに自分にとって最大のニーズである、家族とのつながりを感じさせてくれた素晴らしいプレゼントだったと話してくれます。

そして、このあと、鬼澤さんにさらなる感動がやってきます。

☆「一人のお客様の誕生日を全員で祝う」ミスティーク・サービス

またまた、鬼澤さんが「リッツ・カールトン・ミスティーク」に捕まってしまったのは、「花筐」で食事をしていたそのときでした。約束どおり、スタッフの方々と楽しい会話をしながらのディナーも進み、天ぷらもあと一、二品で終りというころ……。

突然、「花筐」のマネージャーや女性スタッフ八名が集まり、いきなり「ハッピーバースデー」の合唱が始まりました。

「うわ、何ごと」と驚きながらも、立ち上がりお礼をしてから席につくと、最後の「かき揚げ」がお皿にのせられてやってきます。

見ると、そこに出てきた「かき揚」が数字で40になっていたのです！

これには一緒に同席していた、リッツ・カールトンのスタッフもビックリです。

「うわっ、これ、どうしたんですか？」

すると、天ぷらのスタッフ（料理人）の矢守さんが笑顔でこう話したそうです。

「じつは、鬼澤様が四〇歳のお誕生日の日にお見えになることをお聴きしました……。だから、朝から〝かき揚げ〟でつくる数字の『40』を練習してたんですよ！　はじめて作ったんですが、うまくいってよかったぁ！　数字の4は何とかなりましたが、これが3だと難しいですよね（笑）」

「これは本当にすごかった。さすがにグッときてしまいました」と、鬼澤さんは今でも話しています。

「花筐」の食事が終り、出入口に行くと、今度は一階の「ザ・ロビー・ラウンジ」のスタッフが待っています。

エスコートされるままに桧垣さんと二人でついていくと、「ザ・ロビー・ラウンジ」に案内されます。金曜日の午後一〇時頃ですから、満席に近いお客さまの中、ピアノの生演奏があるステージの正面の席へ案内されます。

カクテルを飲みながら、バースデーカードのことや「花筐」での話をしているうちにステージの時間になりました。すると、ピアニストが演奏しだした曲は……、「Happy Birthday」!!
その曲とともにバースデーケーキが運ばれます。しかもケーキの上にはロウソクが四本……。

リッツ・カールトンから鬼澤さんへの誕生日のプレゼントということで、リッツ・カールトンでカフェオレを飲むと付いてくる「角砂糖スティック」を一箱、リボンをつけて持ってきてくれました。何とその数一〇〇本!

そこで、鬼澤さんはこう言ったそうです。

「桧垣さん、本当にどうもありがとう。びっくりしたし、すごく感動しました。さすがリッツだなって。でも、変なことを言うようだけど、またこれを他の人に話したら、リッツ・カールトンに対する期待が、いろんなところでどんどん高まってしまって大変ですね！　それに僕も次来たときは、このくらいじゃ感動しませんよ。慣れちゃったから（笑）」

すると、桧垣さんは、

「ご心配いただかなくても大丈夫ですよ！

次はもっとどうしようとか、もっと何かできるんじゃないかと、みんな楽しんで考えているから大丈夫です！　今日のことも、私はみんながどういったことをするのか知りませんでした。それぞれのところのスタッフが工夫を凝らして考えたものです。みんなそれぞれ楽しみながらやっていますから。期待して待っていてくださいね」

これ以上のことをまた考えますという姿勢！　恐るべしリッツカールトン。

☆「世界でたった一つのサービス」とは？

そしてとどめのサプライズです。

いつもベッドメイクしてくれるとパジャマがベッドの上に用意してあるのですが、

今回はパジャマの上に、A3よりも大きめのメッセージカードが置いてありました。それには手書きで、桧垣さんをはじめ、総支配人のオクタビオ・ガマラさんや、今までお話させていただいたスタッフの方々からのメッセージ、また各部門からのメッセージがいっぱい書いてあったそうです。

家族からのカードとこのリッツ・カールトンのみなさんからのカードは、今でも鬼澤さんの宝物だそうです。そしてそのカードの下にあるリッツ・カールトンのパジャマには、胸にあるリッツ・カールトンのマークの上に、鬼澤さんの名前が刺繍されていたんだそうです。まさにマイパジャマです！

翌朝、チェックアウトが七時と早かったために、桧垣さんにお許しをいただく時間もなく、帰宅後に桧垣さんにメールでパジャマについて尋ねてみたそうです。

「イニシャルパジャマは、毎日リッツ・カールトンを思い出していただきたい気持ちからですので、ご自宅でどうぞ。喜んでいただけて、本当にうれしいです。」

と返事が返ってきたそうです。ますます感謝感激ですね。

鬼澤さんは言います。

「自分だけでなく遠く離れた茨城で祝ってくれた家族みんなにとって、今回のリッツ・カールトンでの誕生日は『一生忘れられない』、よき思い出となる誕生日になった」と……。

リッツ・カールトン・ミスティーク――そして、このエピソードを周りの人にお話すると、

「それは鬼澤さんだからでしょう。自分が行ってもそんなことは……」

と言われるそうです。たしかにそうかもしれません。

それはリッツ・カールトンが目指しているのは、「私にとって」世界最高のパーソナルサービスだからであって、マニュアルにあるような、みんなに同じサービスの提

供を目指しているわけではないのですから。

鬼澤さんはこう言います。

「今回僕が体験したバースデーサプライズは、それまで何度も泊まって、桧垣さんをはじめ多くのスタッフのみなさんとの会話のなかで、家族のことや、自分の好きなものなどの話が出てきていて、それをリッツのみなさんが覚えてくれていたからなんだよ！

リッツ・カールトンは『最高のパーソナルサービスの提供』を目指している企業だからね。はじめてリッツ・カールトンに行っても、それはそれで快適なサービスを提供してもらえる。

でも何回か訪れて、スタッフの方々といろいろな話をしているうちに、まさにパーソナルサービス、『私にとって、私だけの、自分だけのサービス』が、期待を超えて提供されるんだよ！　だからリッツ・カールトンは現在世界中で高い顧客満足と高い収益を得ているし、そんな場面に出会うたびに、『さすが世界のリッツ』と思わざるをえないんだよね」

その人の期待をはるかに超えるサービス。

それができた瞬間にこそ、本物の感動というものは生まれてきます。


これだけ高水準のサービスが自然と、しかも楽しみながらできてしまうスタッフがいるかぎり、ザ・リッツ・カールトン大阪の人気は磐石《ばんじゃく》でしょう。

☆「ＵＳＪに行くんだ」……リッツはこの一言を聞き逃しません！

リッツ・カールトンについては、私にも同じような体験があります。

ＵＳＪ（ユニバーサル・スタジオ・ジャパン）に行った際、小さい子どもをつれて、リッツ・カールトン大阪に二泊したことがありました。

予約の電話を入れたときに予定を聞かれたので、一泊目はホテルでゆっくり過ごして、二泊目にＵＳＪに行くと話しました。

すると、やっぱり、でした。

部屋にＵＳＪのパンフレットと、インターネットで調べた資料のコピーが置いてあり、その上にコンシェルジェからの手書きカードがあったのです。

見ると、その日の大阪の天気、気温、降水確率、もう、すべて書かれています。この気づかい、すごいとしかいいようがありません。

また、リッツ・カールトンには、こんな「伝説」も語り継がれています。

あるビジネスマンが、大阪出張でリッツ・カールトンに泊まり、うっかり老眼鏡を忘れて東京に帰ってきてしまいました。

その男性は、それがないと仕事ができません。その日はたまたま日曜日。仕事は明日の月曜日からです。

しかたがないので、ホテルに電話を入れ、事情を話して明朝着の宅配便で送ってもらいたい旨《むね》を申し出ました。ただ、もうその日は宅配便の集荷は終わってしまってい

香取感動ノート【その4】

「感動サービス」ができる人、できない人

1　上司、同僚、部下は「第2のお客様」なんです

スタッフがお互いに信頼しあえる風土ができていないと、「マニュアルよりお客様の満足を優先する」というパワーが生まれません

2　自分の商品・サービスの「良さ・楽しさ」を理解しよう

スタッフが、商品・サービスの「良さ・楽しさ」を知るだけでは不十分。満喫してなければ、誇りが生まれないのです

3　お客様に「自分のプロ意識」を見てもらおう

自分が「いかにこの商品が好きなのか」「いかにこの仕事に誇りを持っているのか」を伝えることがサービスの仕事。お客様はそこに感動するんです

4　「サービスは人の為ならず」なのです

「一生懸命のサービス」は、必ずあなたに戻ってきます。感謝の手紙など、「感動したお客様」は絶対にその感動を返してくれるからです

5　「1000円のプレゼント」を考えてみる

10万円、20万円のプレゼントなら喜んで当たり前。1000円で相手を喜ばせるのは「商品」でなく「気持ち」の勝負になります。これは「心のトレーニング」です！

たのです。

そのビジネスマンは大変困ってしまいました。何しろ老眼鏡がないと生活もままならないのですから。

ところが……。

その電話に出たスタッフは、勤務が終わったあと、何と新幹線に乗って、わざわざ東京に駆けつけ、メガネを届けてくれたのです。

たった一度でも、このようなサービスを受けたお客様は、もはやリピーターを超えたファンとなるのです。「生涯顧客」の誕生です。

このようなサービスの素晴らしさは、思わず誰かに話したくなるものです。それが口コミで広がり、そのサービスが「伝説」になっていく――。この話は、その典型的なものなのでしょう。

☆「第二のお客様」って誰のこと？

なぜ、ザ・リッツ・カールトンは、お客様に〝うれしいサプライズ〟を与える「パーソナル・サービス」をここまで徹底して提供できるのでしょうか。

それは、お客様の「満足を高める」ために、それぞれのスタッフが「みずから判断し、行動する」権限が与えられているからです。

リッツではその考え方を、「エンパワーメント」と呼んでいます。

リッツ・カールトンでは、あくまでも「お客様に喜びをもたらすこと」が「最優先課題」になっています。

こう書くと、いかにも当然のことのようですが、これが大変なのです。

というのも、これは非常にむずかしいことだからです。

つまり、「お客様に喜びをもたらすこと」を「最優先課題」にするということは、スタッフが、自分の業務よりもお客様を優先するということです。

現場のスタッフの判断で、お客様に最善を尽くすことを徹底するということです。さらには、ルールやマニュアルにないものでも、その人の判断で、可能なかぎりお客様に対応できる姿勢ができているということです。

スタッフ個人がルールを超えて各自の判断で自由に行動するためには、上司の理解はもちろん、スタッフ同士が心から信頼しあえる風土がなければなりません。

たとえば、リッツ・カールトンでは、スタッフを「第二のお客様」と呼んでいます。従業員満足を経営の中心にすえて、年に二回、満足度調査によるさまざまな改善や、優秀者の表彰などを行なっているのです。

もちろん、スタッフのモチベーションアップのためですが、「スタッフがお客様のためにサービスすることを自分の夢と考え、一生懸命に働ける環境になければ、お客様を喜ばせ、幸せにすることはできない」という、リッツならではの理念があるからです。

☆「新人にはお客様と一緒に楽しんでもらう」これがすごく効く！

「スタッフが、お客様を喜ばせるという喜びの虜になれる職場」――まさに、それがリッツ・カールトンなのです。

そのことに気づいたとき、私は、「リッツ・カールトンとディズニーランドは、よく似ているな」と感じました。

ディズニーランド時代、上司の生重さんから言われたことを思い出したのです。

私が「パレードゲストコントロール」という、パレードの交通整理をする部署に所属が決まり、新人スタッフのトレーニングを任されたときのことです。生重さんは、私にこんなことを言ったのです。

「なあ、香取。**新人にはいきなり仕事をさせるのではなく、ゲストといっしょにパレードを見てもらって、まず、その楽しさを十分にわからせてあげるんだ。**自分たちは、こんなに楽しいものをゲストにお見せする仕事をしているんだ、ってことをわかってもらえれば、彼らだって自分の仕事に誇りをもてるし、喜んでゲストに説明できるようになるからね。だから、僕は、新人には、まず最初にこの仕事のすばらしさを体験してもらいたいんだ」

もちろん、その逆もまた真なり。

お客さんが喜んでくれることで、スタッフも喜べ、それが自分の幸せにつながっていくのです。

さて、最後に、リッツ・カールトンのスタッフの「お客様情報」入手法を、ご紹介しましょう。

私も最近まで知らなかったのですが、スタッフは全員、「プリファレンス・パッド」という、お客様一人ひとりの好みや情報が書き込めるメモを持っています。

そのメモに、彼らは、接客の際に気がついたことを、どんなことでもどんどん書き込んでいるのです。

お部屋の使い方から、食べ物、飲み物の好み、趣味まで、気づいたことは何でも書き込んでいくのです。

さらに、この「プリファレンス・パッド」は、ハウスキーピングから、ベルパーソン、ドアマン、フロント係、レストランの従業員にいたるまで、すべてのスタッフが共有しているのです。

しかも、日々、新たな情報が書き加えられているだけでなく、すべて「宿泊予約」のコンピュータ上に登録されます。

ですから、予約が入った時点で、そのお客様へのサービスの対応が練られることになるのです。

この「プリファレンス・パッド」をもとに、スタッフそれぞれが、ホテルに宿泊するお客様にどんなサービスを提供しようかと、考えているわけです。だから、お客様は、ホテル内ならどこでも、「期待をはるかに超えたサービス」が受けられるようになっているのです。

究極の顧客感動のはじまりは、地味なようですが一人ひとりのお客様の些細な情報を入手し、それを共有していく――商売の基本にある通り、まずはお客様をよく観察するところからはじまるのだと思います。

5　お客様の「？」に「プロの言葉」で答える
――これが「サービスのプロ」なんだ！

☆「雨が降ってきた」→「荷物が重い」→「？」

今の時代を生きている人は、例外なく、サービス業と接点を持っています。「感動」をキーワードに企業や店舗スタッフサービスの研修を行なっている私の毎日も、当然のように、何をするにしてもサービス業の方との接点が不可欠です。

私は仕事柄、出張が多いせいか、「サービス業」と聞くとタクシーを連想してしまいます。ただ、「ああ、このタクシーに乗って、本当によかったな」と思える経験は数えるほどしかありません。

というより、あまりに失礼な態度や応対に、不満や怒りを感じてしまうほうが、断然多いような気がします。だからこそ、「サービス業」と聞くと、ついタクシーを連想してしまうのかもしれませんが……。恥をさらすようですが、タクシーの運転手さんに文句を言って、ケンカになったこともあります。

ところが、先日、びっくりするほど気持ちのよい運転手さんのタクシーに乗る機会に恵まれました。

ここでは、その話をします。

ある企業の研修のために、大阪出張に行ったときのことです。

その日、私は一八時の便の飛行機で東京に戻ってくる予定でした。研修を終え、さあ、空港に行こうとしてときに、担当の人にこう言われました。

「MKタクシーさんを下に呼んでありますから、香取さん、それに乗って行ってください」

「ああ、それはどうもありがとうございます。研修、また来月来ますから、よろしくお願いします」

じつは、そのとき、私はちょっと心配事がありました。というのは、前日に台風が接近していて、その動きが遅かったために、まだ風雨がおさまっていなかったのです。

もしかして、飛行機が飛ばないなんてことはないだろうか。

下に降りていくと、担当の人が言うように、タクシーが一台停まっていました。見ると、運転手の人がドアを開け、立って待っていてくれたのです。

私は、MKタクシーの接客のすばらしさは、噂に聞いてよく知っていました。

京都のタクシー料金の値下げ問題で、全国でその名を知られることになった青木定雄さんという人が創業した会社です。今はもう、七〇歳を超え、社長の座を後身に譲っていますが、青木さん自身はいまでも現役で、京都の無線基地で、お客様からの電話を取ることもあるそうです。

ピンクのハートの行灯で有名なMKタクシーは、単に料金が安いから人気があるのではありません。ホームページを見てみると、

「バスも電車もない」「雨が降ってきた」「荷物が重い」「ちょっとそこまで」……。お気軽にお呼びください。

時間指定もOKです。二四時間営業のコールセンターにお電話ください。もちろん、お迎え料金は無料です！

などと、出ています。

どうです? なかなか、いいタクシー会社でしょう。

☆「お客様にプロ意識を伝える」のが、対面サービスの醍醐味なんだ!

私のMKタクシー体験を続けましょう。

じつは、私がMKタクシーに乗るのは、そのときがはじめてではありません。

以前、大阪に出張した際、MKタクシーに電話を入れて、三時に関西国際空港に着きますから待っていてください、という電話を入れたことがありました。

それで空港の出口に行ってみたところ……。

「香取様」というカードを持っている運転手さんを発見したのです。その姿を見て、ちょっと感動してしまった覚えがあります。

だから、今回もMKタクシーに乗るということで、ちょっとワクワクしていたのです。

ただ、その運転手さんを見たとき、ちょっと驚きました。

その運転手さんがこちらにお辞儀をしながらも、携帯電話で誰かとしゃべっていることに気がついたのです。

（あれっ、お客が来てるのに、携帯電話をかけてるなんて、めずらしいな。ちょっとMKさんらしくないな）

そう思いながら、私はタクシーに乗り込みました。タクシーはすぐに動きはじめます。

「香取様、伊丹空港ですよね」

「はい」

「今、空港に電話をかけて確認しましたら、東に行くほうの飛行機はちゃんと飛んでいるそうです。ですから、今から伊丹空港のほうへお送りいたします。よろしいですか」

（そうだったのか。さっきの携帯電話で確認してくれていたんだ。この人、すごい）

運転手さんは、研修の担当者から私のことを聞いていたのでしょう。走っているタクシーの中から電話はかけられませんから、**私が研修会場から降りてくるタイミングを見計らい、確認の電話を入れてくれていたわけです。**

お客様一人ひとりを、本当に大切に思う気づかいではありませんか！

その後は、その運転手さんといろいろ打ち解けた話をしながら空港に向かったわけですが、私は、その人に、ちょっと意地悪な質問をぶつけてみたのです。

「運転手さん、ワンメーターのお客だと、やっぱりいやなもんでしょう？」

すると、その人はきっぱりこう言ったのです。

「いや、そんなことは絶対にありません。僕らは、ハンドルを握ってお客様を現地までお送りするのが使命です。距離が長かろうが、短かろうが、僕らにとっては変わりませんから」

「えー、本当？　でも、やっぱり距離は出たほうがいいんじゃないですか？」

私も、少し意地になってこういいました。

「けっしてそんなことはありません。もしかしたら、お客様がおっしゃるように、そのような考え方をしているタクシー会社の運転手さんはいるかもしれません。でも、私の言うことが信用できないといわれなら、ほかのＭＫタクシーの乗務員に聞いてみてください」

「…………」

ここまで、はっきり言われると、返す言葉がみつかりません。

「すごいな。それだけ断言できるって。やっぱり〝お客様第一〟というポリシーを持って仕事をしている運転手さんって、いいですね」

「そうですか、ありがとうございます。私たちは、タクシーの運転手のプロとして、誇りをもって乗務させていただいてます」

プロ意識を持っていても、なかなかここまではっきりといえるものではありません。

それをいくらお客相手だからとはいえ、ここまで断言できるということは、それだけの自信、さらにはそれを裏打ちする努力があるからだと、私は判断しました。

すばらしいタクシー会社と、運転手さんとの出会い。

対面サービスの真髄《しんずい》にふれたような気がして、その日はずっと、すがすがしい気分で過ごすことができました。

☆「プロ魂」って、結局「勉強すること」なんです！

もう一つ、タクシーにまつわる私の「感動体験」をお話ししましょう。

まさに「これぞ、プロフェッショナル！」という「接客サービスの達人」の運転手さんに出会ったときのことです。

それは、京都旅行に行ったときのお話です。

そのときに乗ったのがいわゆる「観光タクシー」でした。

二〇〇四年、ＮＨＫの大河ドラマで『新撰組！』を放送していましたが、私も家族といっしょに見ていました。そのおもな舞台が京都だったこともあり、タクシーのなかで、いっしょに乗った友人と新撰組や坂本竜馬の話をして盛りあがっていたのです。

その勢いで運転手さんに聞いてみました。

「運転手さん、寺田屋って、どのあたりにあるんですか？」

すると、意外な答えが返ってきました。

「ちょっと、行ってみますか」

これには驚きました。でも、私たちも、そんなに急いでいたわけではなかったので、

「じゃあ、お願いします」

そこから寺田屋までは意外に近く、すぐに着きましたが、運転手さんがていねいにわかりやすく説明してくれるので、二度びっくりです。もう、すっかり教えることに

慣れているといった感じでした。

そこで、聞いてみました。

「運転手さん。京都のことをいろいろ勉強されているんですか？」

「はい。私たちは観光タクシーといって〝観光〟という看板を、恥ずかしながら掲げていますよね。ですから、**観光について、運転手が語れないということは、あってはならないんです**」

自信たっぷりに、こう言うのです。彼が言うには、観光タクシーの協会が開く勉強会に、毎月自費で参加していると言うのです。そんなものがあるとは、はじめて聞く話でしたが、それにしても勉強熱心です。

「みんなお金を払って勉強会に参加しているんです。私は個人でやっていますから、参加義務はありませんが、いろいろなことを教えてくれるので、欠かさずに出席しているんですよ」

運転手さんの話によると、京都の歴史は平安京の時代から学んでいるとのことです。

私は、一つ、意地悪な質問をしてみました。

「話している途中で、勉強したことを忘れてしまうことって、ありますか？」

すると、運転手さんはダッシュボードのなかから歴史書を取り出して、見せてくれたのです。

「お客様を乗せていないときは、ずっとこれを読んでいるんですよ。たとえば、**京都にはおもだった寺院だけで一三六あるんです。それを全部、お客様からご質問があったらいつでも説明できるようにしておかないといけないんです**」

「そうなんですか」

私は、もう一つ、意地悪な質問をしてみました。

「やっぱり、説明できないといけないわけですね。そうじゃないと、観光タクシーって、名乗れないから」

「いや、そういうことではなくて、自分のなかで、観光タクシーの運転手なのだという誇りがあるからです。だから、お客様からの質問には、どんなことでも答えられて当たり前だと思っています。そうでなかったら、観光タクシーなんて、恥ずかしく名乗れないですよ」

（やっぱり、京都という歴史のある街で、タクシーの運転手をしている人はすごいな）

私は、心底、そう思いました。

☆地図あり、ガイドあり、ホテル紹介あり……「四つ折名刺」のインパクト

観光タクシーの感動体験は、簡単には終わりませんでした。

今度は、運転手さんのほうから、笑顔で私に話を切り出してきたのです。

「お客様、タクシーの運転手なんか、たいしたことないなと、思っているでしょう？」

私は正直に、

「はい、って答えたらいいのか、悪いのかな。みんながみんな、そうじゃないとは思いますが、中にはちょっとひどいなって人、いますよね」

と、私は、自分の体験を思い出してこう話しました。

「たしかにおっしゃるとおりですよね。でも、私たちの仲間には、学歴でいうのもなんですが、東大や京大なんかを出た人たちが、けっこういるんですよ。海外のＶＩＰの方のご案内もしますから、ネイティブみたいな英語を話せる人もいます」

「はい。彼らは、〝なんでまた、タクシーの運転手になったんですか？〞って、まわりから聞かれるそうです。でも、本人たちは、東大法学部を出て、裁判官になって人を裁くことより、自分が好きなことを職業にしたかったから、と答えるんですね。その好きなものが歴史なんだそうです。それで、**自分が好きで勉強したことを話して、お客様に喜んでもらえる観光タクシーの運転手になろう**と思ったと言うんです。まさか、バスガイドはできませんからね（笑）。だから、それが実現できて、みんなうれしくてしょうがないんですって。それで、暇さえあれば歴史の本を読んで、寺院に出向いて、そこの住職と話をして情報を入れたりしているわけです。それを、お客さんにお話ししながら仕事をして、しかも喜んでもらえる。みんな最高の仕事だと言っていますよ」

「えっ、本当ですか」

　まさに、お客さんの喜びが、自分の幸せに直接つながる仕事。京都の観光タクシー運転手さんは、ディズニーランドのキャストたちと、まったく同じような気持ちで仕事をしているのです。

「運転手さんも、最初からそうだったんですか？」

「いえ、私は、最初に乗務したときの上司から、観光タクシーをやるのだったら、勉強しなければいけないと何度も言われて。それからです」

そう言いながら、彼がさし出した名刺を見て、驚きました。

なんと四つ折の名刺。

表に名前と連絡先があり、開いてみると、京都の地図が描かれてあり、名所や旧跡などに番号が振ってある。

「これはすごい！」と思ってさらに開くと、番号順に寺院やホテルの名前が全部載っています。しかも、裏側にはご自身のホームページのアドレスが。

「これ、ご自分で作ったんですか？」

「そうです。今、ホームページは作りかえている最中です。行きたい場所をクリックすると、そこに飛んで、最寄りのホテルも紹介できるようなものにしていくつもりです」

この運転手さん、どうみても五〇代の人です。六〇歳に近いかもしれません。

でも、どうです、このプロ意識。そして、お客様のために何とかしよう、という熱いハートに裏打ちされたホスピタリティ。

それを自分の生きる喜びにしてしまおうという貪欲さも含めて。

「観光タクシーという看板を背負う以上、そのことを誇りとしていきたい」

脱帽しました。

生涯人生勉強だと教えてもらった、京都のタクシー運転手さんとの出会いでした。

3章

プロ魂——これが「鬼の金棒」なんです!

6 「サービスの賞味期限」——「いつも緊張してドキドキ」が一番大切

☆「毎日が初演」——これが感動のサービスの素です

ある携帯電話サービスのお店であった話です。

二人の新入社員が実習に来てから、二週間弱がたちました。

そのお店のキャンペーンで、二人は「ウサギ」と「トラ」の着ぐるみを着ることになりました。着ぐるみは、見た目以上に「重い、暑い、クサい」でとにかく大変。本当にクタクタになるお仕事です。

それでも二人は一生懸命やっていました。

そうしたら、その一生懸命さがお客様に通じたのか、小さな子どもに大人気となったそうです。ついには、あるお子さんが「帰りたくない！」とダダをこねるまでに！

困ったお母さんは、「お買い物が終わったらまた来ましょうね」となだめて、ウサギさんとトラさんと、また会う約束を交わして買い物に行ってしまいました。

その後も新入社員の二人は、一生懸命に愛想を振りまき、ショップの雰囲気を明るくしてくれます。数十分が過ぎ、二人はやっと休憩に入りました。

二人が事務所の裏側で休憩をしていると、先ほどの親子が買い物を終えてお店に戻ってきたのです。しかしそこには当然、ウサギさんもトラさんもいません。

「ママ、ウサギさんとトラさんはどこ？」

お母さんも返事に困ります。さっき約束したはずのウサギさんとトラさんがいないので、そのお子さんが泣き出してしまいます。

お母さんは困ってしまいましたが、大人ですから、中に入っているのは人間で、当然疲れて休憩もするだろうと事情は察してくれます。ところが、子どもは「ウサギさんとトラさん」だと思っているから、事情なんて関係ありません。

そしてお母さんがその子に話します。

「今日はもういないみたいだから、また別の日にきましょうね」

お母さんは別の日に来たっているわけないことを知っていながら、お子さんをさとします。

そのとき、事務所の裏で休憩をしていた二人が、その子の泣き声に気づいて、すぐに着替え、走って駆けつけて来たのです。

すると、さっきまで泣きじゃくっていたお子さんに笑顔が戻ってきました。そして楽しいひとときを過ごします。お母さんは何度も「ありがとうございます」とお礼を言いました。

結局、ウサギさんとトラさんの休憩時間はなくなってしまいましたが、そこには「笑顔」がありました。「喜び」もありました。そしてなによりも**「感謝」や「感動」がありました。**

これらが、クタクタになった彼らを動かす原動力になったのです。これがあったからこそ「どんなに疲れても、心の底から一生懸命がんばれた」と、うれしそうに話してくれました。

たしかに一円の売り上げにもならない出来事でしたが、きっとこのお母さんは、また来店してくれるでしょう。そして、家族や友だちにこの話をするでしょう。そういう意味では、この二人の新入社員は、その家族の「ちょっとした思い出」をつくることができたのではないかと思います。

私はその話を現場から戻った新入社員から聞き感動してしまいました。

この話を聴いて、「今の私には、この二人ほどの新鮮さと、一生懸命さがあるのかなぁ」と考えてしまいました。

たしかに、売上げや集客などは必要なものだと思います。

しかし、その二つ以外にも企業が大切にしなければならないものはあるのだと思いました。

二人の新入社員にとって、この親子の感動は、自分自身の仕事に対する感動にもつながったのではないでしょうか。

そして、私はこの話を聞いて、「私たちは毎日同じことの繰り返しのお仕事をするかもしれない。でもそれはすべてゲストの幸せにつながることなんだ」というウォルト・ディズニーの言葉を思い出しました。

「毎日が初演」――この話は、感動のサービスのその心構えを改めて気づかさせてくれます。

☆「砂漠の中からダイヤを探す」には？

これは、ディズニーランドで実際にあった話です。

ディズニーランドでは、お掃除の仕事の一つに「レストランでの食器の後片づけ」があります。

ある日のこと、とあるカップルのゲストが来園されました。二人は婚約をしていました。

彼女は、彼から贈られた婚約指輪をはずして食事をしたそうです。食事がすんだあと、ショーでも見てたのでしょうか、指輪をトレーの上に置いたままでいたそうです。

ふと気づくと、食器がトレーごと片づけられていました。そう、婚約指輪もいっしょに……。

あわてて彼女はスタッフにそのことを伝えました。声をかけられたのは女性スタッフだったそうです。レストラン内で出たゴミは一定時間ごとに集められ、裏にあるコンテナに運ばれ焼却処分されてしまいます。

話を聞いた女性スタッフはすぐさま、集められたゴミの〝コンテナ行き〟にストップをかけました。

そしてその時点でレストラン内にあるゴミをすべて調べました。食べ残しのハンバーガーやポタージュスープなど一つひとつかき分けながら……。

しかし指輪は見つかりません。

そこで彼女は先ほどストップをかけた、パーク内のありとあらゆるゴミの詰まったコンテナの中へ入っていったのです！

指輪の持ち主の女性も、なかばあきらめたようです。

「もういいです……。はずしていた私が悪いんだから……」

「何言ってるんですか、大切な婚約指輪じゃないですか！」

と女性スタッフは言って、コンテナの中で作業を続けたそうです。

それこそ〝砂漠の中からダイヤを探す〟ような気の遠くなる作業です。

すると、そこへ彼女の上司が通りかかりました。ひと通り事情を説明を聞いたその上司は、状況を理解し、こうしちゃいられないと、自分もブレザー姿のままコンテナに入り、指輪探しに加わったそうです。

もう「きたない」とか「クサい」とか言ってる場合じゃありません。二人がコンテナの中でどうなっていたか、想像するのはかたくないでしょう。

そして格闘すること数時間、ついに彼女は指輪を見つけたのです！

みんな泣いて喜び合ったそうです。


この話は、ディズニーランドでお掃除のお仕事をしていた卒業生の方から頂戴した。

ちなみに、この話は後日、会社の上層部に報告され、コンテナに入った彼女は、そのパーク最初の「社長賞」に輝いたそうです。

お客様の大切な思い出を台無しにしてはならないと、最初に対応した女性スタッフや他のスタッフ、そして上司にいたるまで、全員が一丸となって思い出を支えようとするその姿勢に、私も感動しました。

さらに、その女性スタッフに対して、社長賞を贈るあたりに「お客様の幸せに貢献するんだ」という会社の真剣な姿勢が表れているように思いました。

7 お客様以上に「時間とエネルギー」を使う
——それが「誠意」なんだ

☆「いやーな顔」が「クレーム」に変わる瞬間……

これからお話するエピソードも、私が直接味わった感動体験です。

ある日曜日のことでした。

うちの家族は、夕食で「お好み焼き大会」をやろうと決めました。

ところが、肝心のホットプレートがないことに気づいたのです。

そこで、この際だから、みんなでいっしょに買い物に行こうということで、母や妻を連れ、近所のヤマダ電機に出かけたのです。

ヤマダ電機は、最近、家電量販店業界のトップに躍り出た、今もっとも勢いのある郊外型の電器店です。

私たち家族は、「どれにしようか、あれにしようか」などと、店頭であれこれ話し合いながら、たくさんのホットプレートを見くらべました。

時間はかかりましたが、**欲しいものを選ぶひと時は、本当に楽しいものです。**

ところが、ようやく、みんなの意見が一致し、選んで買ったホットプレートを家に持ち帰ったそのときに〝事件〟は起こったのです。

なんと、ドキドキしながら箱からホットプレートを出してみたら、取っ手のところが欠けていたのです。

これは困った。

まずそう思いました。使えなかったら大変です。

でも、よく見ると、欠けているのはほんのちょっとで、お好み焼きを作るには、さしつかえありません。

とはいっても、私の気持ちのなかでは、不快感がどんどんつのってきます。

選んだのは自分たちですが、商品はもちろん、お店を信頼して買ったのに、なんで

こんなことになるのだ、という思いがぬぐえません。

悔しいじゃないですか。

家族みんなでお好み焼き大会を楽しみにしていたのに、そのために買ったホットプレートが欠損品だなんて。

すでに、お好み焼きの材料は準備できていましたし、もう時刻は夕方です。これから取り替えてもらうといったって時間がない。もう、家族の楽しみは台なしだ……。どうしよう……。

きっと、私はとても「いやーな顔」をしていたに違いありません。

私の顔色を見た妻は、こういいました。

「今から電話して、取り替えてもらうように言ったら？　新しいのがくるまで待っているから」

「うーん。それもそうだな」

こうして、私はヤマダ電機に電話を入れることになったのです。

「取り替えさせていただきますから、もってきていただけますか」と言われたら、どうしようかと思いながら。

☆まず謝る――「プロになればなるほど」これが早くなる！

レシートに記載されていた担当者宛てに電話を入れると、

「あっ、先ほどのお客様ですね。そうですか。たいへん申し訳ございませんでした」

という返事。こちらのことを、担当者は覚えてくれていたのです。

私だって、ヤマダ電機にすべての非があると主張するつもりはありません。

メーカーが梱包したり、配送したときに傷がついたのかもしれません。

ヤマダ電機もそこまでチェックはできないでしょう。でも、先方がすぐに謝ってくれたことで、少し救われる思いがしたのは事実です。

そうです。

「お客様からクレームには、どんなことでもまず謝る」

これは、クレーム処理の基本なのです。

「いや、こちらも申し訳ないんだけど、できたら取り替えてほしいんです」

すると――。

「わかりました。すぐ在庫を調べます。少々、お待ちください（しばらく保留音）あっ、ありました、ありました。今からすぐお持ちします」

驚きです。日曜日の夕方でお店は忙しいことは十分にわかります。もしかしたら、お店に商品を持ってくるように言われたらいやだなぁ……と考えていた私に、「今すぐお持ちします」というスタッフの声。きっと、ポイントカードで支払いをしていたので、先方はこちらの住所もわかっていたのでしょう。

私は、「その傷がついたホットプレートを持ってきてください」と言われなくてよかったと思いました。私がなぜ、そう思ったかというと、日曜日の夕方で、ヤマダ電機のようなお店はかきいれ時だということがわかっていたからです。それなのに、相手は今すぐ持ってきてくれるという。

この段階で、私の不快感はなくなりました。

☆このとき、「お食事、遅くなっちゃいましたよね」の一言が効いた！

やがて、玄関のチャイムがピンポーン。

「わざわざ、すみません」

そういいながら、玄関先に出向いた私に、担当者は何といったと思いますか？

彼は、

「すみません、たいへん遅くなりました。申し訳ございませんでした」

と謝ったあとに、一言、

「お食事、遅くなっちゃいましたよね」

と言ったのです。

この言葉に、私はどうしようもなく感動してしまいました。

というのは、この一言で、彼が、私たちが売り場にいたときから、こちらの会話を聞いていて、今夜は家族で「お好み焼き大会」をすることを知っていた、ということはわかったからです。

さらに、彼は、私のクレーム電話がかかってくるまで、それを覚えていたのです。

だから、私からの電話を受けたときに、ピーンと来たのでしょう。

しかも、この一言でわかるのは、彼の関心が明らかにお客様側にあるということです。

いわゆる〝お客様視点〟なのです。

そんな彼に、

「お客様に、壊れたホットプレートを持ってきてもらおう」

という考えは、まったくなかったはずです。

すぐさま、在庫を確認した彼は、

「すぐに新しいものを持って行かなくちゃ。でも、もう食事を始められているかもしれない」

そう思って、あわてて飛んできたのでしょう。

☆私が「家電を買うならヤマダ電機」になってしまったサービス

じつは、私が感動したのは、それだけではありませんでした。

彼の帰りを見送ろうと外に出たときです。

外には一台の車が停まっていました。ただ、どう見ても、商用車ではありません。

普通の自家用車です。

「これ、あなたの車？」

「はい、すみません。社用車、全部出払っていまして……」

彼は、食事が遅れてしまったら、お客様に申し訳ないからと、社用車がすべて出払っている忙しい時間帯に、わざわざ自分の車を飛ばして、新しいホットプレートを持ってきてくれたのです。

どうです？

お客様の立場に立って、そのときにできる最善のことを考え行動してみる。

ひょっとしたら、日曜の夕方という忙しいときに売り場を離れてしまっているのですから、彼は上司から怒られてしまうかもしれません。

それでも、彼は、お客様にために、自分が良かれと思ったことを、そのときすぐに実行したのです。

彼のような人には、きっと「ひいきのお客様」がたくさんついているにちがいありません。

それ以来、私は、家電は、すべてヤマダ電機から買うようにしています。もちろん、彼から直接買うようにしています。彼から買ったところで、彼の給料は変わらないそうですが、これはこちらの気持ちの問題です。

あまりうれしくなってしまったので、ホットプレートの一件の直後に、ヤマダ電機の社長宛に、お礼のメールをお送りしました。

☆「誠意」とは「お客様と同じだけ時間を使うこと」

このお話は、お客様（ここでは私）からのクレームへの対処の手際の良さが、お客様の感動を呼んだというケースです。

さらには、その感動があまりに大きかったため、ヤマダ電機（のその担当者）は一人の熱烈なリピーター（私）を獲得することにつながったのです。

私が感動したのは、いくつか理由があります。

その担当者が、私の家庭の食事が遅れることを気づかってくれたり、もっとも忙しい時間帯にわざわざ自分の車を飛ばしてかけつけてくれたりといったことは、大きなポイントでした。

ただ、このケースで私が一番感動したのは、前にも触れたように、お客様からのクレームに対して、まっ先に彼が謝罪したことです。

じつは、サービス業であるにもかかわらず、この「クレームに対してはまず最初に謝る」ができない社員、あるいは、それを教えられても理解できていないスタッフが、現実には非常に多いのです。

「当たり前のことが当たり前にできない」――これでは「売れる物」も売れません。結局、**ちゃんと売っている人は、「当たり前のことが当たり前にできる人」ばかりなのです。**

私がアルバイトをしていたディズニーランドでも、ゲストからのクレームは毎日のようにありました。

なかでも、「アトラクションの故障」と「悪天候時のショーのキャンセル」は、もっともクレームが起こりやすいものです。

どちらも、いわば不可抗力によるもので、私たちキャストの直接の責任で起こるものではありません。ただ、ここで大切なのは、ゲストのクレームに対する、キャストのファーストアプローチなのです。

自分のせいではないからと、自分の言葉で誠心誠意の「申し訳ありませんでした」

が言えないようでは、ゲストはなおさら感情を害してしまいます。

たとえば、「アトラクションの故障」を例にとると——。

人気アトラクションの前で一時間も並んでいて、「さあ、いよいよ次は自分たちの番だ」と思っていた矢先に、アトラクションの機械が故障してしまった状況を想像してみてください。

このような場合、どんなゲストでも、不満をあらわにするでしょう。

私の経験から言っても、不満をあらわにするだけでなく、「時間を返せ」「誠意を見せろ」と大声で叫ぶ人も少なくありません。

このようなときは、まずは「大変申し訳ございません」と謝罪をします。当然の話です。

ただ、「時間を返せ」と言われても「時間」など返しようがありません。

また、「誠意を見せろ」と言われても「誠意」など、どう見せればいいのか……。

こんなとき、どうすればいいのでしょうか。

方法が一つだけあります。

「お客様と同じだけ時間を使う」——それだけです。

「お客様がかけた時間」と同じ時間をかけて謝るのです。つまり、お客様が一時間並んだのなら、あなたは一時間かけて謝るのです。あなたが心から謝れば、必ずお客様は許してくれるはずです。

私はこれまでお客様のクレームについては、この方法で対処してきました。

☆謝るときは「会社を代表して」謝ってください！

「お客様がかけた時間」と同じ時間をかけて謝る——前項で紹介した、この方法はじつは、私のオリジナルではありません。

これは、ディズニーランド時代の私の尊敬すべき上司、町丸さんから教わったことです。

「お客様がかけた時間と同じ時間をかける。それが誠意だ」——町丸さんのこの言葉は、今でも私の耳に響いています。

町丸さんもディズニーランドを卒業し、現在は、キャラクタービジネスを展開する会社へ入社。

その会社が運営する「犬のキャラクターショップ」の管理を任されています。このお店は、現在、日本全国に一二店ほどありますが、町丸さんはその統括をしているのです。

先日、町丸さんとお話しする機会がありました。

ディズニーランド時代と違って、今は「現場」が近くにないので、お店で問題やクレームが発生した場合、どうしても対応がワンテンポ遅れてしまうと言っていました。しかし、そこは町丸さんです。クレームが発生した場合は、今でも「お客様と同じだけ時間を使う」ことを実行しています。しかも「現場」が近くにないぶん、余計すごみが増してきました。

ある夜、町丸さんのいる本部に外線がかかってきたそうです。

最初に電話に出たのは、町丸さんの部下の若い女性スタッフだったそうです。

電話の応対を横で見ていて、すぐさまクレームのお電話であることを察した町丸さんは、彼女にメモを渡します。

「クレームだったら、俺が代わるから！」

　そして、電話に出てみると、商品に欠陥があったのだとわかりました。ひと通りお客様のお話をお聞きし、謝罪をしますが、お客様の怒りはいっこうに収まりません。

「……だからどうしてくれんだよ。誠意を見せろよ！」

「承知いたしました。本当に申し訳ございません。今すぐ新しい商品を持ってそちらに伺わせていただきます。ただ、本当に申し訳ないのですが、本日は電車がもうありませんので、これから車を飛ばします。たぶん明日の朝になるかと思いますが、明朝五時以降、何時でも構いませんので、お時間を頂戴できませんでしょうか」

　ここまで言われると、お客様にもその気持ち（ハート）が通じるのではないでしょうか。そして、町丸さんはその言葉の通り、自分の車でお詫びに行ったそうです。

　町丸さんはいつもそうでした。普段は私達部下に対して非常に厳しい人です。しかし、いざというときに絶対に逃げ出したりもしません。今回のように、お客様の怒りがピークに達した所へも飛び込み、責任者魂を魅せつけてくれます。だから、どんなに厳しく指導されようが、私たちの尊敬できる上司なのです。

たとえ自分自身のミスではなくても、自分が会社や組織を代表しているのだという意識をもって、お客様に謝ることができるような人財――このような人財を多く持つ会社やお店は、ヤマダ電機のようにどんどん業績が伸びていくに違いありません。

8 「お客様の心の声」を聞いてみよう ——これが「伝説のサービス」の第一歩

☆「プレゼントで彼女を喜ばせたい」——サービスの原点はここ！

私は現在、「感動」をテーマにした、人材育成のコンサルティングを行なっている「香取感動マネジメント」の代表を務めています。

若手社員向けの講演や研修に企業から呼ばれることが多く、最近では、社員のモチベーションアップや心構えなどについて、実習を交えながらお話する機会が多くなってきました。

これからお話するのは、ある大手電器メーカーで営業マン向けに研修会を開いたときのエピソードです。そのときは、私の研修にしては年齢の高い四十代の人の出席者も目立ちました。

その席で、私は出席者にこんなお願いをしました。

「これから、みなさんに大切な人にあげるプレゼントを考えてもらおうと思います。まずは、プレゼントを贈る相手を考えてみてください。使ってよいお金は一人一〇〇〇円です。この予算内で、大切な人が喜ぶプレゼントを考え、三時間以内に実際に買ってきてください」

これは博報堂さんなんかで行なわれていた、企画力を高めるためのプログラムで、以前に私が勤めていた「SHUU研究所」では、サービスマインドを高めるためにも役立つだろう、ということで行なっていました。

なぜ、こんな変なフィールドワークをお願いしたのか、その理由は簡単です。

「サービスの原点」って、こんなところにあると私が思うからです。

つまり、サービスとは、「人にほめられたい」「売上げを伸ばしたい」「カッコイイことをして目立ちたい」といったものではないんです。

サービスって、単純に大好きな彼女にプレゼントする感覚と同じで、「大好きな人

の喜ぶ顔が見たい！」といったレベルの話だと思うんです。

ただ、これがむずかしい。

というのも、**「相手を喜ばせる」には、「相手が何をすれば喜かを知っている」ことが前提となるからです。そのためには相手のことをよく観察して、知っておかなければならない**わけです。

また、一〇万円、二〇万円のプレゼントであれば、商品そのものの魅力で相手を喜ばせることもできるでしょうが、**一〇〇〇円という制約がつくと、これは「商品の魅力」より、こちらの「気持ちの魅力」で勝負しなければなりません。**

そこで必要になってくるのが、**「人を喜ばせるための創意工夫」です。**

このフィールドワークに「サービスの原点」がある、といったのはそのような意味なのです。

「たったの三時間」「予算は一〇〇〇円」という与えられた条件の中で、どれだけ大切な人を喜ばすことができるかが、このお願いのテーマだったのです。

どんな人でも、大切な人にプレゼントを贈ろうと思えば、相手の顔や、交わした会話などを思い浮かべながら何を贈ろうかと考えるはずです。相手に喜んでもらいたい一心で、手渡すときも、ちょっと驚かせてあげようなどと、シチュエーションにも考えが及ぶでしょう。

そのような感覚を、接客をするときにも持てたとしたら……。

お客様をよく観察し、何をしてあげたら喜んでいただけるかを的確に見抜くことが大事なのです。お客様が発する何気ないサインを見逃してしまっては、感動を呼ぶサービスを提供することはできません。

お客様は、こちらに絶えずサインを送っています。

大切な相手が喜ぶようなプレゼントを考えるように、目の前のお客様の何気ないしぐさや雰囲気から、さまざまな情報を読み取り、その人が喜ぶことを素早く提供していく――「感動のサービス」はここから生まれるのです。

☆「一〇〇〇円で人を最高に幸せにする法」考えてみよう

このフィールドワークは、参加者のサービス精神や営業センスをチェックするには、非常に有意義だったようです。

三時間後、いろいろなプレゼントが集まりました。

そのなかに、私の心を熱くさせる「感動のプレゼント」がいくつかあったのでご紹介しましょう。

「うちの母にあげるプレゼントです」

といって、ガーベラという花の球根を四つ買ってきたのは、北海道出身の男性。三○代後半の人でした。

「なぜ、球根を選んだんですか？」

そう聞く私に、その人は、

「〝なかなか帰れなくて、ごめんね。お盆には帰るから植えて育てておいてね〟っていう手紙といっしょに、このうちの三つを送ろうと思ったからです」

「えっ!?　でも、なんで三つなんですか？」

「これは内緒ですけど、一つは僕が自分のうちで育てます。それで、夏に帰るときに鉢植えにして持っていき、夜に母が寝ているうちに、三つの鉢植えにその一つを足して四つにしておくんです。もちろん、手紙も添えておきますよ。〝**じつは、僕もあの**

とき同じガーベラの球根を一つ育てていたんだよ。これで、全部そろったね〟って。

母はきっと驚くだろうな」

この話を聞いたとき、その人のお母さんに対するやさしさ、**たった一〇〇〇円の球根に託した熱い思い**に思わず胸が熱くなりました。

こういう心根の優しい人なら、営業マンとしてきっといい仕事をするはずです。「喜ばせたい人」のことを、これだけしっかり見ているのですから。

☆「奥さんの笑顔を見るために行列に並ぶ人」って、いいですね

フィールドワークの「感動話」を続けましょう。

一人だけ、三時間たっても戻ってこなかった人がいたのです。

その人は、三十代前半。東京出身の人なので、迷子になるとは考えられません。ひょっとしたら、「このフィールドワークがバカバカしくなって、帰ってしまったのかな」とも思い、私は内心ハラハラしていました。

その研修会の出席者は八〇人。プレゼントを買って戻ってきたら、みんなの前で一

人ずつ発表する手筈になっていましたが、最後のほうになって、ようやくその人が戻ってきたのです。

「すいません！　今、戻ってきました！」

内心ホッとしながらも、

「ずいぶん時間がかかりましたね」

という私に、その人は話しはじめました。

その人は、奥様に銀座の店で売っている生チョコのケーキをプレゼントにしようと思いたちました。というのも、以前、奥様がそのお店の話をしていたのを思い出したからです。

値段もちょうど一〇〇〇円。

プレゼントとしては最適です。

ところが、その店は、雑誌などでもたびたび取り上げられるような超人気店なのです。しかも、生チョコのケーキは限定品なので、並ばないと買えないのです。

案の定、行ってみると長蛇の列。でも、彼はなんとしても奥さんに食べさせてやりたかったと言います。

「絶対に買ってやろうと思って並びましたよ。それで四時間近くかかっちゃったんです。すみません」

正直な話、私は驚き、言葉を失いました。

いかにフィールドワークとはいえ、妻を喜ばせるために、自分だったら四時間も並ぶだろうかと考えたのです。少し自信をなくしたと同時に、この男性の熱い思いに感動しました。

この「熱い思い」の延長線上に「お客様を感動させるサービス」はあるのです。

☆「幸せの素」って〝小さな言葉の中〟にあるんです！

この研修会で、お菓子を買ってきた人がもう一人いました。

「カミさんが鳩サブレが好きなので、東京駅に行って買うつもりだったんです」

といって、三十代半ばの男性が持っていたのは、ラッピングされた小さな観葉植物でした。

「それ、鳩サブレじゃないですよね（笑）」

「そうなんです、香取さん。聞いてください。鳩サブレを買うとき、ふと思ったんですよ。というのは、うちには子供が二人いて、鳩サブレを買って帰ったら、子どもが欲しがるのが目に見えてるんです。カミさんも、子どもが欲しいといえばあげちゃいますよね。それでは、カミさんへのプレゼントにはなりません」

そう思った彼は、その店のレジの前まで並んだところで、あわてて買うのをやめたそうです。

「その足で、渋谷の東急ハンズに行きました。この前の休みの日に、部屋のリビングで、カミさんがここに観葉植物でもあったらいいよね、といったのを突然思い出しまして。東急ハンズの店で、一〇〇〇円で買える観葉植物といったら、こんな小さなものしか出てきませんでしたけど……」

そして、次に彼が言った一言に、私は思わず胸がジーンとしてしまったことを覚えています。

「これを二人で水やりをしながら育てていきます。二人で大きく成長させていけば、いいプレゼントになるかなって」

素晴らしい観察力です。奥様のちょっとした言葉を覚えているだけでなく、それをさらに発展させて「夫婦の幸せ」までイメージしている。

そこには、サービスされる側と、サービスする側の「理想の関係」ができあがっていたのです。

ここで例に出した三人は、みなさん営業の方です。

三人が一〇〇〇円で買ってきたプレゼントを、もう一度思い出してください。「ガーベラの球根」「生チョコケーキ」「観葉植物」――ただ、彼らが買ってきたのは、それらの商品、植物ではないのです。

この三名の方が購入したのは、「相手の笑顔」なのです。

そのために、三名とも「時間」と「創意工夫」を惜しまなかったのです。きっと、この三名の方は間違いなく「お客様の心の声が聴こえる人」なのです。そして、**「お客様の心の声が聴こえる人」だけが、サービスを伝説にすることができる**のです。

☆これが「サービスが伝説となる瞬間」、今度はあなたの番ですよ！

　以前、私は、「お客様の心の声が聞こえる人」と出会い、「サービスが伝説になる瞬間」を目の当たりにした体験があります。

　そのときのことをお話しましょう。

　それは長崎に出張に行ったときのことです。

　その日の打ち合わせが終わったころには、もうすっかり夜も更けてしまっていました。私は、打ち合わせがこんなに長引くとは思っていませんでしたから、泊まるホテルも用意していませんでした。

　そこで、とりあえず、宿泊できるホテルを探しに、駅に行くことにしたのです。

　ただ、その日は金曜日。

「ひょっとしたら、どのホテルも満室なのでは……」と心配しつつも、へとへとになった体を引きずりながら、駅前のホテルに到着しました。

　ホテルに入るなり、私は哀願するような口調で、フロントの若い女性にたずねました。

「すみません。予約はしてないんですが、空いてる部屋ありますか？」

「たいへん申し訳ございません。あいにく本日は満室になっております」

「そうですか……。わかりました……」

やはり、思ったとおりでした。

私はその土地ははじめてだったので、これからどうやってホテルを探そうかと途方にくれてしまいました。

しかたなく、ホテルを出ようとしたその瞬間です。

「あっ、お客様。もしよかったら、この近くのホテルを当たってみましょうか？　少しお時間をいただくとは思いますが……」

フロントの人の思ってもみなかった言葉に、私は、一瞬、唖然としてしまいました。

そこまでしてもらえるとは、予想もしていなかったのです。

同時に、私の心の中に「大きな感動」が広がっていくのがわかりました。

今にして思えば、その人は明らかに私の心の声を聞いたのです。

そして、**自分には何一つメリットはないとわかっていながら、その声に応えてくれたのです。**

その後、その人は思いつくかぎり、近くにあるホテルに電話を入れてくれました。そして、ついに空き室のあるホテルを見つけて、予約までしてくれたのです。しかも、そのホテルまでの地図まで書いてくれました。

その人の思わぬサービスにすっかり感動してしまった私は、何度も何度もお礼を言いました。

この瞬間、「彼女のサービス」は伝説になったのです。

なぜなら、この夜長崎で交わされた会話を、私は生涯忘れることができないからです。

そして、私が語り部となって、このホテルのこと、この女性のこと、彼女のサービスのことを、「伝説」として多くの人に伝えていくからです。

世に「伝説のサービス」と言われるものがあります。それは、こんなところから生まれるのではないでしょうか。私はそう思います。

そして、このフロントの人のようにお客様の「心の声」を聞くことができ、感動を創造できる感性を持ったスタッフがいるところなら、「もう一度、あの店に行こう」「あそこは最高だよ」と、たくさんの人に語り継がれることになるのです。

4章

「今、目の前にいるお客様」を最高に幸せにしよう！

9 「従業員が幸せじゃない店」で、お客様が幸せになれるはずがない！

☆「お客様より社員のほうが大事」と割り切るのもいい！

「ＣＳ」（Customer Satisfaction）という言葉は、一般的に**「顧客満足」**と訳されます。これは、お客様が「商品・サービスを購入する前に抱いていた期待値」を上まわる価値を、買ったあとに感じている状態ともいえるでしょう。

もう一つ、最近、注目されているものに、「ＥＳ」（Employee Satisfaction）というものがあります。

これは、**「従業員満足」**といった意味で使われることが多いようです。

社員やスタッフが、「会社に対して抱いていた期待値」を上まわるだけの価値を、会社からもらっていると感じている状態といえます。

残念ながら、まだまだ「ES」の大切さを前面に打ち出す企業が少ないようです。

その中にあって、高知市にあるネッツトヨタ南国（旧トヨタビスタ高知）は、**「お客様より、社員のほうが大事」**とはっきり宣言している会社です。

といっても、誤解しないでください。

この言葉の本意は、「社員の満足を重視し、幸せにしたいために、お客様を大事にし、喜んでいただける価値を生み出す」ということなのです。前に紹介した、リッツ・カールトンも、「ES」を大切にしている会社であることはおわかりでしょう。

つまり、**「CS」を生み出す元は「ES」だということです。**

ネッツトヨタ南国は、一九八〇年に設立した高知県唯一のトヨタのディーラーで、顧客満足度はトヨタグループのなかでも全国トップクラス。収益性も抜群で、二〇〇二年度の日本経営品質賞（中小企業部）も取っている会社なのです。

☆お客様が好きなのは「社員が満足している会社」なんです！

「売上げ目標、つまり、まず〝数字ありき〟ではなく、〝お客様の感動〟を求心力として、組織づくりを行なってきました。**数字を競うのではなく、社員が人間としての成長をめざす**会社です」

ネッツトヨタ南国の横田英毅社長は、このように話しています。

「ES」を重視するネッツトヨタ南国は、訪問販売はいっさいしていません。

店頭販売、つまり、お客様との接点を店だけに置き、そこからビジネスをスタートさせるという、従来の自動車ディーラーではあまり考えられない営業スタイルを取り入れているのです。

なぜ、このようなスタイルを取り入れたのでしょうか？　横田社長はこう答えます。

「共働きの家庭の増加で、昼間に誰もいない家が増えたこと。車が普及したことで、買い替え時期をご自分で決める人が増えたこと。これらによって、訪問販売の意味が薄れてしまっているからです。それなのに、ノルマをもたせて訪問させてもお客様は喜ばないし、成果も上がらない。これでは、営業マンはストレスがたまって、仕事への熱意が薄らぎやる気をそいでしまう。これだけは避けたかった」

また、事前に行なった従業員への質問の中で、「どんな仕事がしたいか」と一人ひとりに聞いてみたところ、全員が「お客様に喜ばれる仕事がしたい」と答えたそうで

香取感動ノート【その5】

しっかり「自己管理」ができる人、今イチの人

1 「自分の賞味期限」は切れていないか

「緊張している」くらいがいいです。ドキドキした気持ちは一生懸命さを生むからです。「ベテランの技」に「新入社員の心」があれば最高です

2 「お客様のガックリ」を口にできるか

これはクレーム処理の話。クレームが来たとき、ただ謝るのではなく、「お客様のガックリ」「困った」に共感できる人が信頼されるんです

3 「サービスは掛け算」と心得よう

どんなに楽しかった思い出も、最後にたった一つ、いやなことがあっただけで「ゼロ」になってしまいます

4 「お客様のハートのリスク」を負え

これは発想の基本です。「お客様が困ったときどうすればいいか」でなく「お客様が困らないようにどうすればいいか」を考える。それだけでサービスの質が変わります

す。しかし、現実の仕事はというと、ノルマを前提にした営業などで、お客様に喜ばれるどころか、「また来たのか」と言われることもあったそうです。

だから、営業所展開や訪問販売による潜在顧客発掘といった、これまでの手法は取らず、本社のショールームに来ていただくという「お客様来店型」の販売に絞り、高品質のサービスを提供しようとしているのです。そのサービスぶりをみてみると、さすがに、お客様を迎える体制は、万全に整えられていることがわかります。

もちろんお客様来店型の販売ですから、わざわざお店に来ていただいたお客様には往復の交通費（高速道路料金）をお支払いしているのです。そして、来訪者は、女性のショールーム・アシスタントの笑顔の挨拶で迎えられます。

そして、その際、必ず名前で呼ばれるのです。というのも、ショールームには、来訪予定者や来訪時間、目的（点検、修理、車検、商談など）、車種、ナンバーなどが明記された「お客様ボード」ができていて、アシスタントがそれをひと目みれば、来訪したお客様のことがわかるようになっているからです。

営業の担当者が出てくる間は、ショールームで待つことになりますが、コーヒーサービスを行なうショールーム・アシスタントも、お客様の名前を必ずお呼びします。

お客様のデータをスタッフ全員が共有するからできることですが、お客様は何度も名前を呼ばれることで、スタッフに親近感を感じることができるわけです。

私も、こんな応対をされたら、スタッフとの〝最初の壁〟が取り払われ、いっぺんにファンになってしまうでしょう。

☆「買ってもらう」より「買う楽しさを味わってもらう」が大事

ネッツトヨタ南国では、サービススタッフと呼ばれるエンジニア（メカニックともいいます）も、必ずお客様に顔写真入りの名刺を手渡しし、点検や修理、車検などの説明をていねいに行ないます。

普通の自動車ディーラーはここまではしませんから、これだけでも、異例のサービスといえます。

エンジニアは、一般に口べたな人が多いので、ネッツトヨタ南国では、普段からお客様との応対を、毎日交替でロールプレイングで練習しているといいます。ネッツトヨタ南国では、スタッフの一人ひとりが高い参画意識を持って、仕事に臨《のぞ》んでいるのです。

営業マンの行動原則のキーワードは、「CR」(Customer Retention)です。

これは「お客様との関係を深め、維持する」といったような意味で、前述のショールーム・アシスタントやサービススタッフの人たちの行動原則もみんなこれです。

彼らは、三種類の「お客様カード」を作っています。

一枚は、「まだ取引のないお客様」のカード。

もう一枚は、「点検や修理などのお客様」のカード。

そして、最後の一枚は、「車を販売したお客様」のカードです。

彼らは、これらのカードに更新を加えながら、日々の営業活動をしているのです。ショールームでお客様との応対をするのはもちろん、お客様のお宅にもメンテナンスのため、まめに足を運んでいます。

「**営業マンが来ても、売り込みをしないので、逆にお客様から拍子抜けしたと言われるくらい**。このCRを導入してから、お客様の情報を増やすことができましたし、他のお客様を紹介されるケースも増えてきました。今では、その比率は全体の二〇%を超えているでしょう」(横田社長)

つまり、強引に車を売ることはしないのです。

ある営業マンは、こんな話をしています。

「もう一押しすれば、間違いなく契約してくれそうなお客様がいましたが、お話をうかがって、それはやめることにしました。というのは、どの色を選ぶか迷っていらっしゃったからです。それなら、家族みなさんでじっくり検討してみてくださいとお話ししました。それが、ご家族にとって楽しい時間になるからです」

この人は、お客様に、車選びの本当の楽しさを味わってもらいたかったのです。

その他にも、ネッツトヨタ南国では、「CS推進プロジェクト」という社員発案のプロジェクトの一環で、五〇ccエンジンで省エネ走行を競う「こうちエコパワーレース」や「カー・オリエンテーリング」といった手作りイベントを開催しています。イベントを通して、地域のお客様との親密な人間関係作りに力を入れているのです。

☆サービスは掛け算――「ゼロのスタッフが一人いる」とどうなる？

お客様からの「ありがとう」という感謝の声を聞く機会が増えれば、社員の充実感もどんどん高まってきます。

お客様の感謝に社員が喜び、それによってもたらされた社員のやる気に、さらにお客様が感動する。この好循環がネッツトヨタ南国の強みになっているのです。

この会社には、前述の「CS推進プロジェクト」の他にも、「情報開発プロジェクト」など、全部で八つのプロジェクトがあります。すべて、自由参加で、なかには二つ以上をかけもっている社員もいるそうです。

先に紹介した各種のイベントもそうですが、これらがすべて社員の発案によるものであるところが、この会社のすごいところです。

横田社長は、こう話します。

「上意下達で会社の仕事を進めても、うちの社員は優秀ですから何でもできてしまうでしょう。でも、それでは上の言うとおりやっていればいいとか、しょせん自分たちの意見は聞き入れてくれないんだ、というような**〝やらされ感〟や〝あきらめ感〟が社員の中に起こり、達成感を味わえなくなってしまう**でしょう。そうなると、社員のやりがいや働く喜びはなくなってしまう。プロジェクトでも、イベントでも、社員一人ひとりに参画意識を持ってもらい、みずから考えてもらうような態勢を作っていくことがESにつながっていくのです」

顧客満足度ナンバーワンのネッツトヨタ南国のサービスの充実ぶりを知ったとき、私は、ディズニーランド時代のやさしい先輩、白田さん（通称、白さん）のことを思い浮かべました。

白さんは、まさに「おもしろい発想で仕事を楽しくする天才」ともいえる人で、「ゲストの〝楽しい思い出〟を大切に」「挨拶は先手必勝」**「サービスは掛け算」**などといった数多くの「ディズニーランド名言」を作った人です。

私は、ネッツトヨタ南国を見て、かつて白さんに「サービスは掛け算」を教わったときのことを思い出したのです。

「香取、サービスは掛け算なんだよ。ゲストがエントランスから入ってくる。そこで、エントランスのスタッフに気持ちのいい笑顔で対応されるよね。その後、アトラクションでスタッフに一生懸命サービスされてるよね。そうやって、**たくさんのスタッフにサービスされると、そのゲストの楽しかった思い出は、倍、倍になってくるでしょう。だから、〝サービスは掛け算〟なんだって！**　掛け算だから、どこかでゼロを掛けるとどうなる？」

「ゼロですね……」

そう言われたときは、なんとなくわかったつもりになったものでしたが、今ではそれがはっきり理解できます。

10 「自分を理解して共感してくれる」お客様
――もうこれは他人じゃない！

☆サービスって「自分のこだわり」に共感してもらうこと

みなさんもご存じのように、東京ディズニーランドでは、たくさんのイベントが毎日行なわれています。

それも、毎年毎年、手を変え、品を変え、これでもか、これでもかというくらい、シーズン・イベントや、アニバーサリー・イベントを開催し、多くのゲストを集め、リピーター（ファン）を増やす努力を絶え間なく続けています。

もちろん、ディズニーランドと同じように、リピーターを増やしている会社や店舗はたくさんあるでしょう。

成功するイベントに共通しているのは、お客様の側にも、それを提供するスタッフの間にも、「感動」があることです。

「感動」とは、一般的には「心を動かされる」ことを表わしますが、**リピーターとは、「共感し、自分で動いてくれるお客様」に他なりません。しかも、彼らは、いろいろな人に自分の「感動」を話しますから、リピーターの輪は、時間の経過とともに、どんどん広がっていくのです。**

東京ディズニーランドは、

「大人から子どもまで、すべての人が家族でいっしょに楽しんでいただくこと」

に〝こだわり〟を持っています。その〝こだわり〟こそが、

「夢と魔法の王国を忠実に再現しよう」

という最終的な目標につながっているわけです。

私たち、ディズニーランドのアルバイトは、採用が決まった当初から、こうしたディズニーランドの〝こだわり〟を、ストーリー仕立てで教え込まれます。

つまり、私たちスタッフは、自分たちがゲストに対してどのように振る舞えばいいか、具体的なケースをもとに指導を受け、それによってディズニーランドの〝こだわり〟に納得、共感し、それぞれがその〝こだわり〟の実現のために考え、行動してい

くわけです。

会社やお店が、お客様を感動させ、リピーターを創り出していくためには、その会社やお店なりの〝こだわり〟を持つことが欠かせないと私は思っています。

お店なら、お店のこだわりが一貫性のあるポリシーに昇華し、デザイン、ディスプレー、商品、さらにBGMなどに揺るぎのないコンセプトを持つにいたったとき、働くスタッフはその〝こだわり〟に共感するのです。

そして、お店が描く「感動ストーリーの伝承者」になり、お客様を感動させ、動いていただけるのではないでしょうか。

☆「子どもも親もハッピーになる子ども服」というコンセプト

お店の「こだわり」が感動を与えるストーリーにまで高まり、それがお客様を喜ばせているようなイベントとは、具体的にどのようなものなのでしょうか？

真っ先に思い浮かんでくるのは、前にもご紹介した、全国の少女から愛されている子ども服のカリスマ・ブランド「ナルミヤ・インターナショナル」のイベントです。

このイベントには、全国からたくさんの親子連れが訪れます。

ナルミヤ・インターナショナルは、業界で「ジュニア」と呼ばれる小・中学生の市場を広く開拓したことで知られています。五つの女の子ブランドと一つの男の子ブランドがありますが、いずれも人気ブランドです。

七〇〇〇円のTシャツや、一万円近いスカートなど、単価の高い商品が人気を集めており、売上げは三五〇億円（二〇〇四年）にも達しています。

成宮雄三社長は、「ジュニア」に参入した理由について、こう話しています。

「子ども服に参入したのは一九九一年。その前まで幼児服をやっていましたが、小学校に入ってからの世代には、自分たちの着たい服がないし、親からいえば、着せたい服がないという声が強かったんです。調べてみると、小・中学生の市場はまったくの空白だということがわかりました。さらに、**この先、少子化が進んで一人っ子が増えれば、親も高価な子ども服を買うことをためらわない時代になっていくはずだと思いました。**これらの読みから、九一年に参入を決めたわけです」

また、ナルミヤ・インターナショナルの〝こだわり〟については、こう話しています。

「通学服に代表されるように、以前の子ども服は〝地味で目立たないものが一番〟でした。それで子どもさんたちが喜んでいるでしょうか。とてもそうとは思えません。私たちは、子どもたちに夢を与え、ハッピーにするファッションをつくりたい、そのことに、徹底的にこだわっていきたい。そんな思いで仕事をしています」

まさに、この〝こだわり〟による服づくりが、子どもやその親たちの共感を得て、リピーターを生み出しているのだと思います。

☆「お客様は最初の感動を絶対に忘れない」を心に刻んでみよう

ナルミヤ・インターナショナルのイベントには、成宮社長が言うように、

「夢を持ち、その夢を追っている子供たちに、われわれはファッションで応えたい」

という思いがはっきり表れています。

イベントの担当者も、みんな同じ想いを持っています。

「私たちは、子ども服を売っていますが、それを売ることが目的ではなく、商品を通

して、子どもさんや親御さんが楽しい思い出を作るためのお手伝いをしたいと思っています」

なるほど、です。

さらに、イベントについては、参加してくれる方々の思い出になるような、「来てよかったね、また来ようね」といわれるようなイベント作りにこだわり、その実現を目指して、一生懸命がんばっているといいます。

このあたり、東京ディズニーランドとまったく同じです。

ナルミヤ・インターナショナルの〝こだわり〟をイベントから探ってみましょう。

たとえば、イベント会場で、女の子はプロのメークアップアーチストからメイクをしてもらい、そこで買った洋服を着て、プロのカメラマンに撮影してもらうことができます。

つまり、ごく普通の女の子が、一瞬にしてかわいいモデルになれる、そんな〝シンデレラ体験〟が味わえるイベントなのです。

ここまでしてもらえれば、お子さんだけでなく、いっしょに来場した親御さんたちも感動してしまいます。

もちろん、娘がかわいいモデルのようになるから感動するのではなく、娘が無邪気に心から喜ぶ姿が無性にうれしいのです。ますますナルミヤ・インターナショナルのファンになってしまうのは、無理もありません。

わざわざこの日のために来てくれたお子さんを〝シンデレラ〟に仕立ててしまう。それをお子さんといっしょに、そこにいる全員が喜びあえる。

これらは、イベントを行なうスタッフたちにも、子どものような〝純粋さ〟があるからできることなのです。

ディズニーランド時代に、上司に何度も言われたことを思い出します。

「誰でも、最初に受けた感動は絶対に忘れない」

さらに、もう一つ。

「今、目の前にいるゲストに対して、一生懸命になれ」

ナルミヤ・インターナショナルの人たちは、企業としての〝こだわり〟のもとに、この二つを実践しているのです。

もし、ナルミヤ・インターナショナルと同じことを形だけまねしたとしても、〝こだわり〟と、お客様の思い出づくりのお手伝いをしたいという純粋な思いがなければ、お客様からはすぐにあきられてしまうでしょう。

まさに、成宮社長が話したこだわりが、正しくスタッフに伝わり、イベントのなかに結集できている、理想的な成功例なのです。

11 「本物のサービス」って、いったい何？——一回だけ真剣に考えてみよう

☆"無理な注文"——「あなたの真価を上げる」チャンスですよ！

プルデンシャル生命保険という会社を、ご存じの人はかなり多いと思います。グループ本社はアメリカにありますが、ライフプランナーという営業職が、担当顧客のニーズや生活設計に合わせたオーダーメイドの保険を作るという、従来の日本の保険会社にはみられなかった手法で顧客を増やしています。

今は、もうポピュラーな保険になりましたが、契約者が余命六カ月以内と診断されると、死亡保険金を生前支給する「リビングニーズ特約」をはじめて設計したのも、このプルデンシャル生命保険です。

日本では阪神大震災の際、日本の保険会社の中で唯一、契約者の方々の家を担当プ

ランナーが一軒一軒回り、その安否を確認し、ほぼ一〇〇%支払ったことでも有名になった会社です。その際には、いろいろなことがあったそうです。

家が倒壊し、契約者である方が亡くなり、残されたのは小さなお子様……。もちろん保険金を受け取る権利があるのはご子息になります。しかし、そんな小さなお子様が、保険の権利書を持って請求できるわけがありません。

担当プランナーはそのことを充分に考え、そのお子様がきちんと保険金を受け取れるように配慮し、第三者が立ち入れないような方法で支払ったと聴きました。

そんな保険会社ならではの、エピソードをいくつか紹介しましょう。

まずは、「リビングニーズ特約」の誕生物語です。

このエピソードは、私の担当プランナーになった松原さんが話してくれたものです。「物事や決まりごとの善悪は、単純には決められない」という含みがあり、本当にすばらしい話です。

舞台はアメリカ。

あちらのプルデンシャル生命のお話です。

あるプランナーが、担当していたお客様から、こんな話をもち込まれたそうです。

「先日、うちの家内が、ガンで余命一カ月と宣告されました……。保険屋さん、女房が死んでから保険金をもらったって、そんなもの、私にとっては何の意味もありません。なんとか、今、払ってもらうことはできませんか？」

じつは、そのお客様のお仕事は、長距離トラックの運転手さん。トラックの仕事が入れば、数カ月は家を留守にしなければならない仕事です。しかし、奥さんに付き添っていたら仕事ができなくなり、収入がなくなってしまうのです。

「お願いです。最後の一カ月、なんとか妻といっしょにいてあげたいんです。いけないことだということは知っていますが、妻が亡くなったことにして、保険金を前払いしてもらえないでしょうか……」

担当のプランナーは困りました……。

まだ、亡くなっていない人を、亡くなったことにして死亡保険金を支払う——やろうと思えばできなくもない。書類の一部を少し操作するだけで、できてしまうのかもしれません。でも、そのお客様の要望に応えてしまったら、それはたちまち違法行為になります。

「OKです」と言って、保険金を支払ってしまったら、その行為は詐欺になるどころか、会社に対する重大な背任になり、クビになるのはもちろん、訴えられてしまうかもしれません。

お客様のせっぱつまった思いはよくわかります。

奥さんには、一日一日、死が迫っているわけです。

愛する人の命が今にも失われそうになっている、ご主人の胸中はいかばかりでしょう。

そのプランナーは、誰にも相談できずに悩んだそうです。

「できません、それは無理です」というのは簡単です。

でも、生命保険とは、いったいなんだろう。

何かあったときに、役に立たないのなら、保険の役割は果たせないのではないか。

それは保険とはいえないのではないか。

何のために、契約者からずっと保険料を受け取っているのだろう。

プランナーは、そう考えたといいます。

☆「お客様に対する責任感」「会社に対する責任感」両立しない場合は?

そのプランナーは何度も何度も自問自答し、悩んだあげく、一つの結論を出しました。

結論は、「お支払いする」でした。

こうして、彼は、「違法行為だろうがなんだろうが、あの人のためだったらしょうがない」とクビを覚悟で保険金を支払ってしまうのです。

この決断にはすごいものがあります。

会社に対する責任よりも、仕事に対する使命感、お客様に対する責任感が、彼の中

で勝ったのでしょう。事の善悪はともかく、とても勇気のある人です。

ただ、このプランナーがやったことは結局は会社に発覚してしまい、彼はクビになってしまうのです。

そうして数カ月が過ぎたある日、トラック運転手は、ひょんなことから彼がクビになってしまったことを知ったのです。そして、自分の妻と自分のためにクビを覚悟で行なったそのプランナーの行動は間違ったことではない、と立ち上がったのです。

彼は、マスコミを通してこう語ったのです。

「彼のしたことは、法的には間違ったことなのかもしれません。しかし、いままで支払いを続けてきた僕ら家族に対しては、この上なく誠意あふれる行為だったといえないでしょうか。彼は、自分を犠牲にしてまで、私たち顧客に報いてくれた。それが正当に評価されないのは、おかしいのではないか！」

この言葉で世論が動いたのです。「そうだ、そうだ。保険とはそういうものだ」という声がだんだんと強くなってきました。

そのことを知ったプルデンシャル生命の社長が、一度はクビにしたそのプランナーを呼びもどしたのです。「こちらが悪かった」と。そして、今回のことを教訓に「リビングニーズ特約」というものを作ろうと提案したのです。

こうして、「リビングニーズ特約」は誕生したのです。

☆「私が死んだら、このお金で娘たちの誕生日にケーキを送ってください」

日本のプルデンシャル生命にも「感動物語」があります。

こちらは「リビングニーズ特約」が命を救ったお話です。

あるプランナーが、「リビングニーズ特約」に入っている女性から、「ガンを宣告され、余命いくばくもないということなので、保険金の支払いをしてください」と頼まれました。もちろん、この場合は全額をお支払いするわけですが、プランナーは、その女性に今後のことを聞いてみました。

すると、その人は、

「私は、このお金で必ず病気を治します。絶対に治します。二人の娘を残して死ぬわけにはいきません」

きっぱり、こう話したそうです。

その後、このお客様は、もらった保険金を持ってまず、なじみのケーキ屋さんに行きます。

そこで、**何月何日と何月何日が娘たちの誕生日だから、もし、私がこの世からいなくなってしまったら、娘たちが二十歳になるまで毎年ケーキを届けてほしいと頼み、そのぶんのお金をすべて払ったのです。**

次に、花屋さんに行き、同じことを頼んでお金を払ったのです。

絶対に病気を治そうと思ってはいたものの、心のどこかで「死」を覚悟していたに違いありません。

彼女は、二人の娘宛に書いた手紙も用意していたそうです。それも二人が成人するまで一年ごとに読んでもらう手紙を。

ケーキ屋さんと花屋さんで用をすませた彼女は、その足で病院に向かいます。保険金の残りをすべて持ってです。

「先生、このお金、すべてさし上げますから、このお金が続くかぎり考えられる治療法をすべてやってください。一%でものぞみがあるなら全部やってほしいんです。娘を二人残して死ぬわけにはいかないんです」

——その後、ありとあらゆる方法の治療と、彼女の絶対に生きるというその意志が、奇跡を起こします。

末期ガンだと余命宣告を受けた彼女の病気が治ったのです。

ここで紹介したお話は、保険とはどうあるべきなのか、契約者の人生にどんな役割を担い、どれだけその人の人生を左右するものであるのか、よくわかる事例といえるでしょう。

保険のプランナーとは、単に保険商品を売る人ではありません。

保険という商品を通じて、お客様に「価値のある人生を生きてもらう糧」になるものを売っているのです。

だから、お客様の人生に責任を持ち、そのために最善を尽くす、という高いレベルの意識を持つことが必要不可欠なんですね。

ここでお話ししたエピソードは、私がプルデンシャル生命保険と契約する際の、営業トークで聞いた話ではありません。全部契約を結んだ後に担当プランナーから、「そういえばこの特約ができたきっかけは……」と教えてもらったお話なのです。

「こんな良いお話があるのなら、なぜ契約前の段階で話してくれなかったんですか？

この話を聞いていたら、真っ先に契約したのに」

「えっ、だってこれらの話って、保険会社にとっては当たり前の話じゃないですか」

彼らにとっては当たり前だと言ってのける使命感こそが、本物のサービスと言えるのではないでしょうか？

5章

本物のサービス——最後に必要なのは「あなたの本気」です！

12 お客様の幸せには「あなたのサービス」が欠かせません

☆「お客様との心温まるエピソードを一つ」思い出してください！

バッグや生活雑貨、家具、アクセサリー、衣料などの企画販売を手がける（株）サザビー（以下サザビー）。若い人を中心に認知度の高いブランドですが、喫茶店やレストランを経営していることはあまり知られていないかもしれません。

でも、「アフタヌーンティー」と聞けば、「ああ、あのお店がそうなの？」と、びっくりする人もいるはずです。

「アフタヌーンティー」は、サザビーのフード事業部が展開しているお店です。

生活雑貨の「リビング」と飲食の「ティールーム」の二つの業態があり、「ティールーム」だけで全国に九〇店ほどあります。

百貨店などに複合店として入っているお店が多いのですが、いずれも、お客様に心温まるサービスを提供し、交流を深めていくことを大切にするお店として、抜群に評判がいいのです。

「喫茶店なら、アフタヌーンティーのティールーム」と決めている固定ファンも、少なくありません。

私の会社は、以前から同社とのおつき合いがあり、昨年、「アフタヌーンティー」の店長研修をする際、お世話になりました。

とはいっても、このお店には、**「お客様にできるかぎりのおもてなしをする」「お客様の喜びが、自分の喜びや幸せにつながる。だからがんばる」というカルチャー**がすでに育っています。

スタッフの人たちも、それを自分たちなりに理解し、日々、お客さんに接していま す。だから、たくさんの人が、「アフタヌーンティー」を高く評価しているのです。

最初の研修のとき、私は、店長のみなさんに一枚の用紙を配りました。

そのタイトルは**「店舗での〝お客様との心温まるエピソード〟をお知らせくださ**

い」。

一枚の用紙に、ここ一年くらいにお店にあったお客様との心温まるエピソードがあったら、くわしく書いてください、とお願いしたのです。

この私の試みには、二つの理由がありました。

まず、定評のある「アフタヌーンティー」の接客が実際にはどれほどのレベルなのかを知りたいと思ったことが一つです。

もう一つは、店長さんたちが提出してくれたエピソードがある程度まとまったら、それを冊子にして全員で共有することで、「アフタヌーンティーのカルチャー」をより明確な形で作りあげたいと考えたことです。

☆「キッチン担当のスタッフをお客様に紹介する」のも、立派なサービス

最初の研修では、全国から九一名の店長さん（平均年齢は三〇歳前後）が集まり、

お店にあったエピソードを書いていただくことに同意していただきました。そして、今のところ、私の手元にはそれぞれの店長が書いてくれた、感動あふれるエピソードが集まりました。

毎日、忙しい業務に追われる店長さんたちであるにもかかわらず、アンケート用紙が続々と私のところに戻ってきています。

正直にいって、本当に驚いています。

書き方はそれぞれですが、みなさん、現場で、誠心誠意、お客様と応対し、接し方に工夫をこらし、ときにはお客様といっしょに涙を流したり、心から喜んだりしているのがわかるからです。

さすが、「アフタヌーンティー」の接客レベルは高いと感心しました。

以下、それらの中から選んだ心温まるエピソードをいくつか紹介していきましょう。

「以前いた新規オープンのお店でのエピソードです。

あるお客様に、ほぼ毎日いらっしゃる常連客になっていただきました。いつもオーダーされるのは、スコーンとアメリカンコーヒー。お客様が〝いつもの……〟とおっしゃれば、そのオーダーです。

そんなある日、そのお客様はいつものオーダーで、店内でお茶をされているときに、〝今日のスコーンはいままで食べたなかでいちばんおいしい〟とおっしゃってくれました。

私は、**このお客様が感動した気持ちを、自分のなかだけに留めておくのはもったいないと思い**、思わず〝**このスコーンをつくったスタッフを呼んでまいります**〟といって、キッチンスタッフを呼び、お客様に紹介しました。

キッチン担当のスタッフは、ホールでお客様とじかに接することがなかったのですが、自分が作った商品を召し上がっているお客さまと触れ合うことで、自分の仕事の意味や大切さを実感できたと話していました」

この店長さんは、「お客様が望んでいることは何だろうか」「どんなことをすれば、お客様は喜ぶだろうか」をつねに自分に問いかけ、意思決定の基準にしている人なのでしょう。

このエピソードは、「お客様の期待を敬意を持って受けとめ、それに柔軟性を持って対応していけば、信頼関係を築くことができる」という好例。お店の高い評判は、こうしたところから生まれていくのだと再確認できました。

☆「お客様の人生ストーリー」を心の中で読んであげましょうね！

「常連のお客様のなかで、とくに親しくしていただいている五〇代の姉弟のお客様がいます。

最初はお姉様が常連で、毎日のように知り合いを連れてお見えになっていましたが、その後は弟さんもよく見えるようになりました。スタッフ全員でおもてなししたので、ホールだけではなく、ベーカリーやキッチンのスタッフの名前まで覚えてくださり、とても親しくなっていきました。

ところが、弟様が、急な病気で脳の手術を受けることになったのです。うまくいかないと寝たきりになるかもしれないようなリスクの大きな手術で、〝もう、二度と食べられなくなるかもしれないから〟と、好きだったティースコーンやさつまいもスコーンなどを毎日一～二回いらして召し上がり、スタッフと楽しそうに語らってふらっと帰る日が、入院当日の朝まで続きました。その日は、〝これで最後になるかもしれないから〟と、みんなでいっしょに写真も撮ったのです。目はさびしそうでしたが、ずっと楽しそうに笑っていました。

私は、〝お待ちしてますからね〟と泣くのを必死でこらえて、できるだけ明るく笑ってお見送りしました。

それから二カ月ほどして、弟様は前と同じ調子で〝よおーっ〟といって、いらっしゃったのです。

お姉様から手術が成功したことはうかがっていましたが、聞けば、**退院されても家に戻らず、そのままお店に来てくださった**とか。私は、このお客様との出会いで、自分たちの仕事がどんなにすばらしく、どんなに責任があることをしているのか、その重みを初めて感じました」

商品を売ることだけが、お客様に対するサービスではありません。お客様は、気持ちのよいサービスはもちろん、思い出になるようなふれあいをスタッフに求めるのです。

だから、お客様の「思い出作り」のお手伝いをすることも、大切なサービスなのです。

この店長さんは、そのことをちゃんと理解していたのだと思います。

お客様は、本当に気持ちのよいサービスを一生懸命にしてくれた人には、態度や行動で賞賛を表わしてくれます。それは、そうしたサービスを受けた自分に対しても、誇りを持てるからです。

また、このエピソードで思うのは、**「お客様には一人ひとりにそれぞれのストーリーがある」**ということです。

ディズニーランドのゲストにも、半年前から貯金をはじめ、そのなけなしのお金で来園される人も少なくないのです。

そして、そうしたお客様の、スタッフに寄せる期待の重さは、こちらの想像以上であることを忘れるべきではありません。

お客様の、どんなに小さな変化も見逃さず、つねに誠心誠意、おもてなしをする。

この店長さんは、サービスの本質というものを理解し、お客様のために一生懸命になれることを、自分の喜びに感じる、優しさのあふれる方なのです。

☆「私たちがすべきこと」は「最高の数分を過ごしていただくこと」

「台風でJR線が運休になり、足止めになってしまってお困りのお客様とお話したスタッフが、駅付近のホテルを何件かお調べして、お帰りの際に、メモ用紙に書いてお客様におわたししました。

お客様は、当日、そのなかのホテルに宿泊されたようで、翌日、JR線に乗って用事をすませたあとに、ぜひ、お礼がしたいと、わざわざ菓子折りをもってお店に立ち寄ってくださいました。

対応したスタッフは、その日はお休みでしたが、そのお客様は〝とっても感動しました。また、何かあった際には、ぜひお店を利用させていただきます〟というメッセージカードを残して、お帰りになりました」

困ったときに、お客様の「期待以上のサービス」を実践する。なかなかできないことですが、むしろ、ここがチャンスなのです。

お客様は、「最初に受けた感動は絶対に忘れない」からです。そうしたお客様が、受けた素晴らしいサービス体験を思わず人に話したくなるのは必然。それが口コミで広がり、新たなお客様を作っていくことになるのです。

きっと、このお店では、お客様が「予期していないもの」「無理ではないかと思っていること」といったサービスを提供することで、お店がそのお客様を特別な存在であるということを、知らせているのでしょう。

もちろん、こうしたサービスは、常日頃からお客様に気を使い、注意を十分に払っているからこそ、効果を発揮すること。スタッフの指導もゆきとどいているのでしょう。

最後に、名古屋のお店のエピソードを紹介します。

ここに、「アフタヌーンティー」のスタッフのサービスのあり方のすべてが込められていると思います。

「先日、お客様からお礼のお手紙をいただきました。そのなかに、〝生後二カ月の子どもを連れて、京都から出てきた母と夫とのはじめての外出でした〟という一文があり、それが何よりも私にはうれしく思えました。

毎日、何百人というお客様と接するなかで、私たちすべてのお客様がどのような人生を送っているのかは知りようがありません。お店に足を運んでいただいた時間は、お客様にとってはほんの数時間。その前後には、**お客様の数だけいろいろな時間があります。**

これから楽しいことがあるのか、さっきまでいやなことがあったのか。たまたまご来店いただいたのか、すごく楽しみにしてご来店くださったのか。私たちには知る術がありません。

そんななか、**私たちにできることといえば、お客様がご来店くださったそのほんの数時間だけでも、すべてのお客様にとってすばらしいひと時であるようにサービスを行なっていくこと。そして、そのためにもできるかぎりお客様一人ひとりの背景に思いをめぐらすことだと私は考えています。**

当たり前のように笑顔で、当たり前のように気くばりをし、当たり前のようによいサービスをしようと心がけているだけでは、本当に心あるサービスにはなりえないんじゃないだろうか、そう思うのです」

☆「もっと熱くなろうぜ」——これも〝鬼の金棒〟です！

これらの「現場の声」を読んで、どう思われるでしょうか。

「わざわざ自分が出向いて研修をする必要はないのかな」と、私は正直、思ってしまいます。それほど素晴らしいレベルに達しているのですから。

でも、サザビーのスタッフは、「アフタヌーンティー」をもっともっと伸ばしていくために、さらに高いレベルのサービス提供を現場の人たちに求めているのです。

最近の「アフタヌーンティー」は店舗数が増え、新しいスタッフがどんどん入ってきています。

私の研修でも、出席した九一人の店長のうち、四一名は、最近昇格したばかりの人たちでした。

そんなところから、お店を作ったばかりのころの、みんなが持っていた熱い気持ちが、ややマンネリになっているのではないか、という不安感が皆さんの中にはあるのです。

サザビーでは、創業当時、一つのゆるぎないカルチャーを作ろうと、スタッフ全員が熱く燃えていました。

そして、サザビーは、それを実現させることに成功しました。

彼らの目には、もっと高いところへという想いがあるのです。

そこで店長たちに、**「もっと熱くなろうぜ！」「もっともっと感性を磨こう！」**とはっぱをかけようと考えたのです。

私が呼ばれたのはそのためでした。

そこで私は、最初の研修で、「アフタヌーンティー」の「サービスの原点回帰」をテーマにし、「お客様との心温まるエピソード」を店長さんたちに書いていただいたのです。

「夢と魔法の王国」といわれるディズニーランドにしても、その裏側には「本当のサービス」を追求し、実践するキャストたちの絶え間のない努力があります。そして、**つねに「毎日が初演」で全キャストが初舞台のときの鮮度を持って働いています。そこに、熱い想いが加われば、もうそのサービスは鬼に金棒**です。

これからの「アフタヌーンティー」が、どれだけお客様へのサービスの質を高め、成長していくか、私もファンの一人として応援しています。

13 「それは理想論だよ」……それを現実にするのが「本物のサービス」

☆【テスト】おばあさんが電子レンジを買いました。あなたなら何を言う？

ある大手の家電量販店の社員の人のお話です。

彼は、電子レンジなどの家電売り場を担当する新入社員でした。

ある日のこと、売り場に、お年を召したお客様がやってきました。見ると、おばあさんで、腰が曲がり、杖をついています。

「いらっしゃいませ」

「この電子レンジが欲しいんですけど」

「かしこまりました」

元気良く返事をした彼ですが、おばあさんを見て一瞬、ためらってしまいます。

というのは、彼の勤める家電店では、**電子レンジというのは「微妙な商品」だからです。**

冷蔵庫や洗濯機のような大きな家電なら、問題なく無料配送になり、据え付けも行ないます。しかし、電子レンジくらいの大きさの商品なら、たいていの人は持って帰ります。郊外型の量販店ですから、ほとんどの人が自家用車で来ているので、そうする人はなおさら多いのです。

といっても、相手は歩くのも不自由なくらいのおばあちゃん。

連れの人も、いそうにありません。

「おばあちゃん。今日は持って帰れないですよね。じゃあ、配送の手続きをしますから、いつにしましょうか」

彼は、こう言いかけて、ハタと考えこんでしまったそうです。

「待てよ。このお客様が電子レンジを持って帰るのはもちろん無理だけど、配送にしても玄関先までしか届けてくれないよな。もしかしたら、このおばあちゃん、一人暮らしかもしれない。わざわざ、自分で買いにくるくらいだから。そうだとしたら、**玄関先から台所に電子レンジを持っていくにも、ひと苦労だろう**」

そこで、おばあちゃんに、

「お客様、失礼なことをお聞きしますが、お一人でお暮らしですか?」

と、聞いてみました。すると、案の定、そうだというのです。

それを聞いて、新入社員の彼は決心しました。

(よし、じゃあ、この電子レンジ、自分が届けてあげよう。そして、台所まで運んであげて、セッティングもしてあげよう。今日はもう遅いから、明日にでも)

「おばあちゃん。明日は日曜日だから、夕方になるけど、僕がお持ちしますよ」

こうして、彼は約束どおり、**翌日の夕方、片道四五分、バスを乗り継いでおばあちゃんのお宅に電子レンジを届けました。**

「まさか、ここまでしてくれるとは思わなかった」

おばあちゃんは、そう言って涙を流さんばかりに、喜んだといいます。

☆「生産性のことは一度忘れてみる」のがコツだよ!

前項の「新入社員とおばあちゃん」の話を聞いたとき、私は「ああ、心温まるいい話だな。しみじみ、感動にひたれるエピソードだな」と思いました。

これまで、ご紹介してきたさまざまな感動物語は、そのほとんどすべてが「マニュアルにはない、お客様の期待を超えたサービス」と言ってもいいでしょう。

その人ならではの想像力や創意工夫をもとに、サービスを提供する側の心のこもった行動が、お客様を喜ばせ、周囲の人をも感動させる伝説のサービスになるのです。

この新入社員の話をしたところ、ある会社の経営者から、こんなことを言われてしまいました。

「香取さん、それは理想論ですよ。現実では、みんなが彼のように、たった一人のお客様のためにそれをやってしまったら、お店はつぶれてしまいます。まあ、そこまではいかないにしても、売上は確実にダウンしますね。だから、マニュアルを超えるサービスもほどほどにしないと……」

本当にそうなのでしょうか。

目の前のお客様一人ひとりを大切にするか、数字上の損得を優先させるか。これは、たしかにむずかしい問題かもしれません。

経営側から見れば、数字を上げることが第一ですから、全体のバランスを重視して、お客様へのサービスは、スタッフ全員が、会社のマニュアルどおりに行なうのが一番効率的です。そのお気持ちは、わからないわけではありません。

でも、CS（顧客満足）って、いったい何でしょうか？

顧客満足を追求すれば、目の前の生産性は必ず落ちます。これは事実でしょう。一人ひとりのお客様にかける時間や労力が大きくなるわけですから。その結果、たしかに、売上げは一時的には落ちるはずです。

しかし、それはあくまでも一時的なものであるはずだと信じています。

時間と労力をかけてお客様の心の声に耳を傾け行動することで、必ずそれを受けたお客様は生涯顧客となって、もう一度来店していただけるからです。会社のマニュアルを、まったく無視しなさいとは言いません。でも、現場のスタッフの、自由な意思決定を尊重することのほうが、ずっと重要だと思います。

ですから、スタッフがみずからの判断で、お客様に提供しようとするサービスについては、伸び伸びやらせてほしいのです。

読者のみなさんは、どのように思われるでしょうか。

☆「お前の仕事はオレたちがカバーする」風土はどうつくる？

私は、こう思わずにはいられません。

もし、「新入社員とおばあちゃんのエピソード」が、本書で紹介した企業で起こっていたとしたら……と。

ここで紹介したスタッフだったら、間違いなく、新入社員の彼と同じようなことをするはずです。

自分がなんとか時間を工面して、おばあちゃんのために電子レンジを持っていこうと考えるはずです。そういう風土が、文化となってスタッフのＤＮＡに組み込まれます。

それぱかりではありません。事情を話して、自分の代わりをやってくれないかと頼めば、まわりの人は、むしろ、積極的に協力してくれるはずです。

「お前の仕事はオレたちが何とかカバーするから大丈夫。喜んでカバーしてくれる人間はいくらでもいる、任せろよ。だから、おばあちゃんのところへ早く持っていって

やれよ」

と。そういう文化が、本書で紹介した企業には根づいているのです。

☆「誰でもできることを徹底的に行なう」――感動の原点ですね

私が以前勤めていた東京ディズニーランドでのポリシーは「すべてはお客様のハピネス（幸せ）のために」と教わりました。

お客様の期待にお応えすることが私たちの使命であり、最高の喜びだと教えてもらいます。ですから、私たちキャストが行なうすべてのことが、お客様のハピネスに繋がるわけです。けっして手を抜かずに徹底的に行なわれます。

「誰にでもできる当たり前のことを、どこにも真似できないくらいに徹底的に行なう」のです。

では、最後に、ゲストの期待を超える感動を呼ぶサービスとは、一体どのようにするのか、以下の質問から一緒に考えてみてください！

今、あなたは、ディズニーランドでパレードが行なわれる場所の準備をしています。

すると、お客様がこんな質問をしてきました。

「ねぇ、三時のパレードって何時？」

さぁ、あなたなら何て答えるでしょうか？　「三時のパレードは三時」ですよね（笑）。

ちょっと笑ってしまうかもしれませんが、私がパレードの準備をしていると、このような質問をゲストがしてくることがありました。ここでどうお答えするかが大事なんです。

お客様は急いでいる方も多いので、本当に聞きたいことを短くしてしまいます。ですから、この質問に対して、「三時のパレードは三時ですよ」と答えたところで、お客様の期待していた答えにはならないのです。そこで最初の一歩として、私たちキャストが、お客様の心の声に耳を傾けるのです。


（このお客様は何を聞きたいのだろう……）


この場合であれば、きっとお客様はパレードを見る場所を探しているのでしょう。

「この場所には、三時にスタートしたパレードが何分ごろに到着するのか？」

「パレードを最初から最後まで見ると何分ぐらいかかるのか？」

きっとそんなことを考え私たちに聞いているのです。ですから、この質問に対して、

「三時に予定されておりますパレードですが、スタートはあちらからスタートしてこの場所に到着するのは三時一五分ぐらいになります！」

と、お答えするわけです。しかし、ここまでは「満足のステップ」です。あくまでも「心の声」に耳を傾け、お答えしただけですから、記号で表すとすれば「心の声＝ありがとう（満足）」のレベルです。

ここから、私たちキャストは、お客様の期待を超えなければならないわけですから、まずはお客様を観察します。**もし私がこの質問をされたら、お客様の持っている持ち物なんかを観察してみます。**そこで、持ち物にディズニーのキャラクターなんかを持っていたならしめたもんで、すかさず質問をするでしょう！

「ねぇ、三時のパレードは何時？」

「三時に予定されておりますパレードですが、スタートはあちらからスタートしてこの場所に到着するのは三時一五分ぐらいになりますねぇ!!（と話しながら、お客様のことを観察します）あっ、お客様、プーさん好きなんですか？」

「はい!!」

「今日はプーさんには会いました？」

「まだ、会ってないんです」

「ならよかったですねぇ、パレードにプーさんも出てきますよ！　そうだ、キャラクターが一番よく見える場所に案内しますよ!!　内緒ですよ（笑）」

「お客様の期待は、パレードを観たい、それもよい場所で観たい」ということですから、私たちはこの質問から、目の前にいるお客様にとって、今この瞬間で案内できるもっともよい場所はどこだろうと考え、案内してあげるわけです。

これが、「感動のステップ」、お客様の期待を超えるということになり、記号で表すのなら「期待＜感激」となるのです。

「お客様が喜ぶ顔を見たい」「お客様の気持ちを尊重したい」「お客様にもっともっと近づきたい」……この熱い想いが、日夜、懸命の努力を可能にし、「感動物語」を作りあげているのです。そして、本書をお読みのあなたも、すでに、そのような素晴らしいスタッフの一員になっているのかもしれません。

本書は、本文庫のために書き下ろされたものです。

香取貴信（かとり・たかのぶ）
一九七一年、東京都生まれ。いわゆる〝ヤンキー少年〟だったが、高校一年のときに東京ディズニーランドでアルバイトを始め、上司、同僚、お客様との触れあいの中で「サービスの喜び」に目覚める。のちに、このときの体験をメルマガ『テーマパークが私の学校』にまとめ、一躍、世間の注目を集める。九五年、レジャー施設等の現場運営コンサルティングに携わるSHUU研究所に入社。ディズニーランドでの知識と経験を活かし、各地のテーマパークで「来場するすべてのゲストに笑顔と素敵な思い出を」をテーマに活動する。二〇〇四年に独立、香取感動マネジメントを設立。
おもな著書に、ロングセラーとなった『社会人として大切なことはみんなディズニーランドで教わった』（こう書房）などがある。

【香取感動マネジメント】
e-mail:webmaster@e-storybank.com
ホームページ http://www.e-storybank.com/

知的生きかた文庫

他《ほか》の店《みせ》が泣《な》いて悔《くや》しがるサービス

著者 香取貴信《かとりたかのぶ》
発行者 押鐘冨士雄
発行所 株式会社三笠書房
郵便番号一一二-〇〇〇四
東京都文京区後楽一-四-一四
電話〇三-三八一四-一一六一〈営業部〉
〇三-三八一四-一一八一〈編集部〉
振替〇〇一三〇-八-二二〇九六
http://www.mikasashobo.co.jp
印刷 誠宏印刷
製本 若林製本工場

ISBN978-4-8379-7470-8 C0130

「知的生きかた文庫」の刊行にあたって

「人生、いかに生きるか」は、われわれにとって永遠の命題である。自分を大切にし、人間らしく生きよう、生きがいのある一生をおくろうとする者が、必ず心をくだく問題である。

小社はこれまで、古今東西の人生哲学の名著を数多く発掘、出版し、幸いにして好評を博してきた。創立以来五十余年の星霜を重ねることができたのも、一に読者の私どもへの厚い支援のたまものである。

このような無量の声援に対し、いよいよ出版人としての責務と使命を痛感し、さらに多くの読者の要望と期待にこたえられるよう、ここに「知的生きかた文庫」の発刊を決意するに至った。

わが国は自由主義国第二位の大国となり、経済の繁栄を謳歌する一方で、生活・文化は安易に流れる風潮にある。いま、個人の生きかた、生きかたの質が鋭く問われ、また真の生涯教育が大きく叫ばれるゆえんである。

そしてまさに、良識ある読者に励まされて生まれた「知的生きかた文庫」こそ、この時代の要求を全うできるものと自負する。

本文庫は、読者の教養・知的成長に資するとともに、ビジネスや日常生活の現場で自己実現できるよう、手助けするものである。そして、そのためのゆたかな情報と資料を提供し、読者とともに考え、現在から未来を生きる勇気・自信を培おうとするものである。また、日々の暮らしに添える一服の清涼剤として、読書本来の楽しみを充分に味わっていただけるものも用意した。

良心的な企画・編集を第一に、本文庫を読者とともにあたたかく、また厳しく育ててゆきたいと思う。そして、これからを真剣に生きる人々の心の殿堂として発展、大成することを期したい。

一九八四年十月一日

刊行者　押鐘冨士雄